Scripto

Paule du Bouchet

68 ANNÉE ZÉRO

Gallimard

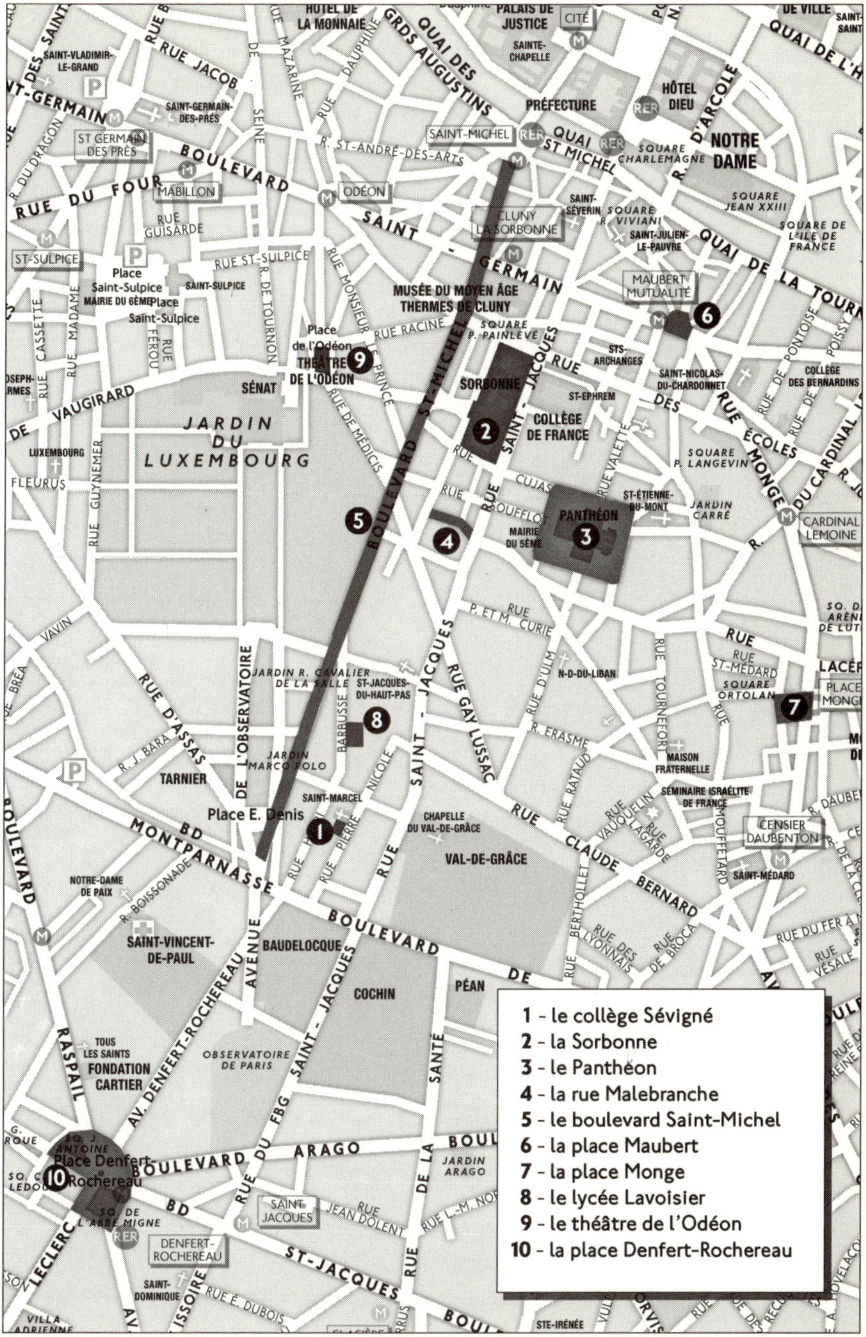
1 - le collège Sévigné
2 - la Sorbonne
3 - le Panthéon
4 - la rue Malebranche
5 - le boulevard Saint-Michel
6 - la place Maubert
7 - la place Monge
8 - le lycée Lavoisier
9 - le théâtre de l'Odéon
10 - la place Denfert-Rochereau
JARDIN DU LUXEMBOURG
SÉNAT
THÉÂTRE DE L'ODÉON
Place de l'Odéon
SORBONNE
COLLÈGE DE FRANCE
PANTHÉON
MUSÉE DU MOYEN ÂGE THERMES DE CLUNY
NOTRE DAME
HÔTEL DIEU
PRÉFECTURE
PALAIS DE JUSTICE
HÔTEL DE LA MONNAIE
VAL-DE-GRÂCE
COCHIN
BAUDELOCQUE
SAINT-VINCENT-DE-PAUL
OBSERVATOIRE DE PARIS
FONDATION CARTIER
Place E. Denis
Place Denfert-Rochereau
BOULEVARD SAINT-GERMAIN
BOULEVARD ST-MICHEL
RUE SAINT-JACQUES
BD MONTPARNASSE
BOULEVARD DE PORT-ROYAL
BOULEVARD ARAGO
RUE CLAUDE BERNARD
RUE MONGE
RUE DES ÉCOLES
RUE DE VAUGIRARD
QUAI DES GRDS AUGUSTINS
QUAI ST MICHEL
SAINT-MICHEL
ODÉON
CLUNY LA SORBONNE
MAUBERT MUTUALITÉ
CARDINAL LEMOINE
CENSIER DAUBENTON
DENFERT-ROCHEREAU
SAINT-JACQUES
ST GERMAIN DES PRÉS
MABILLON
ST-SULPICE

.1

Le jour où ça a commencé, je ne savais pas. Je veux dire, je ne savais pas que c'était le premier de ma nouvelle vie. J'avais seize ans. Nous étions le 1er janvier 68. On avait bu du vin blanc avec la bande de copains avec qui on tournait un film pendant les vacances de Noël, *Le Grand Meaulnes*, adaptation un peu rock'n'roll par Yves d'un roman qui nous avait fait vibrer.

Je jouais Yvonne de Galais, l'héroïne qui meurt en mettant au monde l'enfant d'une passion secrète. Rien n'annonçait que ce jour-là était le premier de mon année zéro.

Dans le film, j'avais pour amoureux le Grand Meaulnes, Jibé dans la vie civile, de son vrai nom Jean-Baptiste. Pendant le tournage il fallait se bécoter des dizaines de fois devant la caméra, tandis que Gribouille, un autre copain, faisait le clap en criant

« Le baiser, prise 8, on la refait ! ». Forcément, ça énerve. On avait fini par s'embrasser pour de vrai et on était devenus amoureux.

Il y a une photo de la soirée de la veille, celle du Nouvel An 67-68, un Polaroid un peu raté où on a les yeux rouges à cause du flash. Toute l'équipe du film, on est autour d'une table jonchée de cadavres de bouteilles. Les assiettes sont pleines d'os de poulet et ceux qui ne regardent pas le flash ont les yeux brillants. On a déjà beaucoup bu ou bien le photographe n'est pas très bon. Sans doute les deux. On regarde l'objectif en faisant des grimaces, Jibé et moi on se tient bien serrés pour montrer qu'on sort ensemble. Et pour être sûrs que ça se voie vraiment, on tient tous les deux un pilon de poulet dans la bouche façon couple préhistorique. On a l'air cloche comme pas possible.

Avant, il y avait eu la séquence de Gaulle à la télévision. On était chez la grand-mère d'Yves, qui était propriétaire d'un château au bord d'une rivière. On pouvait être nombreux sans gêner les adultes, on avait carrément un étage pour nous dans une tour, on y accédait par un escalier à vis où la grand-mère ne montait jamais. C'était la première fois qu'on n'avait aucun adulte sur le dos, on en profitait à fond. La grand-mère s'appelait « bonne-maman », ça nous faisait drôle, on était habitués aux noms de grand-mère « normaux », mamie, mémé ou même grand-mère, sauf moi qui appelais la mienne Granny parce qu'elle était américaine. Cath, qui était de la banlieue et ma meilleure copine, appelait la sienne mémère. « Bonne-maman », c'était sans doute à cause du château.

Comme nous étions le 31, bonne-maman nous avait invités dans son « petit salon bleu » pour boire un doigt de porto. Elle avait surveillé le doigt, en disant « stop, stop, stop », on était mineurs quand même. Nous, ça nous avait fait rigoler, parce que après on avait prévu de quoi passer un réveillon d'enfer. La grand-mère d'Yves nous avait autorisé un « petit dégagement » entre nous, une drôle d'expression qui allait bien avec « bonne-maman ». On avait acheté du vin blanc et du vin rouge parce qu'on croyait qu'en les mélangeant ça faisait du rosé. Mais quand de Gaulle a fait son discours, on en était encore au porto vu que la télé était dans le petit salon bleu.

Il a dit que 68 allait être une année épatante, que tout le monde allait se réconcilier, que les Français avaient beaucoup de chance d'être français, surtout les jeunes, et qu'on allait vivre une année sereine et pleine de promesses. Enfin quelque chose comme ça. Bonne-maman était en extase, nous on a attendu qu'il ait fini son speech pour pouvoir monter faire notre réveillon tranquilles.

On a mis les Beatles et dansé des slows sur

Yesterday et sur *Michelle*. Après, j'ai tellement bu que je suis tombée sur Jibé en m'essayant au rock sur *A Hard Day's Night*. Ce qui tombait bien, si je peux dire. J'ai atterri dans ses bras et on a fait semblant d'être étonnés. J'avais déjà embrassé un garçon, mais pas beaucoup, et lui, je n'étais pas sûre qu'il ait déjà *vraiment* embrassé une fille, même s'il entretenait soigneusement sa coupe à la Paul McCartney avec les cheveux dans les yeux.

Les Beatles, c'était ma grand-mère qui les avait découverts quand elle venait nous faire le déjeuner à la maison parce que ma mère travaillait loin. Un jour, j'étais en troisième, on était revenus du lycée, mon frère et moi, et on l'avait trouvée en train de chanter *Can't Buy Me Love* en apportant le gratin de macaronis sur la table. Cette chanson l'avait mise en joie, derrière son tablier elle frétillait de son imposant popotin, c'était quelque chose ! Ma grand-mère est spéciale, peut-être parce qu'elle est américaine, mais pas seulement. Elle adore chanter.

Voilà, mon année zéro a commencé comme ça. Bêtement, comme la photo du 31 et comme le discours sur l'année sereine et pleine de promesses.

Il fallait faire fissa pour terminer le film avant les vacances de février à cause du bac qui faisait un barrage au bout de l'année scolaire, un truc auquel on n'aimait pas penser. Les parents avaient déjà dit qu'à Pâques on serait tous à bûcher, ils appelaient ça le «bachotage» parce que quand ils étaient jeunes, à l'époque mérovingienne, ça s'appelait le «bachot» et ils formaient des «monômes» pour crier tous ensemble dans la rue qu'ils étaient contents d'en finir. Un peu tarte, mais bon. Imaginer que les parents avaient été jeunes demandait un gros effort, mais comme ça avait l'air de leur faire plaisir de nous raconter leur guerre, on était indulgents.

Le monde dans lequel on vivait en ce début 68 était comme un tableau. Immobile et figé. Les adultes avaient toujours été adultes, les vieux toujours vieux, les profs toujours ennuyeux, les filles toujours entre elles à ricaner, les garçons toujours entre eux avec un air bête. En y repensant, c'était ça l'impression. Un tableau d'une lourdeur infinie. Grandir, c'était prendre place dans ce tableau où rien ne bougerait jamais.

Nos destins étaient connus d'avance. On se marierait, on aurait des enfants et des réfrigérateurs. Peu d'entre nous parlaient d'avoir un métier. Si, Cath voulait devenir vétérinaire parce qu'elle aimait les chats et Françoise médecin comme son père. Je n'ai pas souvenir qu'aucune de mes copines ait imaginé devenir autre chose que ce que leur proposaient leurs parents. Sauf moi, parce qu'ils ne me proposaient rien de spécial. Je l'avoue, j'étais une exception. Pour plein d'autres raisons. Jusqu'à mai 68, j'ai vécu cette exception comme une tare.

Le Grand Meaulnes avait été une concession gagnée de haute lutte par Mina, ma mère, sur le programme déjà tout cuit des autres parents qui ne consistait, pour cette année scolaire 67-68, qu'en un mot et trois syllabes : ba-cho-tage. Mina était favorable depuis toujours aux méthodes de « l'éducation nouvelle » pour les jeunes, laquelle prônait une certaine liberté ; j'avais moi-même été dans une petite école primaire merveilleuse qui me donna les plus belles années de ma scolarité et j'étais tombée de haut en arrivant en sixième au collège Sévigné dans le système classique.

À l'époque, les « ados » n'existaient pas, je veux dire cette catégorie d'âge bouillonnante, compliquée, par laquelle nous passons tous, cette étape de notre vie magnifique et brouillonne qui retient aujourd'hui toute l'attention des parents, des professeurs et des psychothérapeutes. On passait directement de l'enfance à l'adolescence boutonneuse dont les adultes attendaient sans patience aucune qu'elle se termine. Que s'achève enfin ce moment pénible pour l'entourage et surtout totalement inintéressant. C'était comme l'acné et la boulimie des filles, la mue des garçons, un passage obligé qu'il fallait subir. Personne n'aurait songé qu'il puisse y avoir dans ce goulot d'étranglement les ressources d'une force créatrice puissante. Rimbaud était sagement consigné dans les manuels scolaires et le début du poème « Roman », « On n'est pas sérieux, quand on a dix-sept ans », ânonné par des milliers de lycéens debout devant leur chaise, l'air ennuyé d'avoir oublié la suite, ne résonnait nulle part ailleurs qu'aux oreilles de milliers de classes endormies.

Rimbaud allait naître une deuxième fois en mai 68. Je crois que c'est à lui que les étudiants allaient penser quelques semaines plus tard, à l'adolescent génial qui ne respectait ni professeurs, ni ordre établi, ni Église, ni morale, lorsqu'ils voudraient « changer le monde » avec une rage telle que les journaux allaient les qualifier d'« enragés ». Rimbaud s'était consumé de cette rage-là. Les étudiants de mai 68, eux, allaient en vivre.

Ma mère, Mina, pensait depuis toujours que les jeunes devaient pouvoir s'exprimer autrement que par leurs bulletins scolaires et leurs bonnes manières. Pour ça, le tournage du *Grand Meaulnes* avait été fantastique, parce que très vite cela avait dégénéré en une sorte de rêve éveillé qui n'avait plus grand-chose à voir avec le script de départ et encore moins avec la conception qu'une bonne-maman de la bourgeoisie de province pouvait avoir de « saines vacances pour les jeunes ».

Au départ, Yves, le copain réalisateur, avait une caméra, une grand-mère et un château comme dans les livres, avec douves, tourelles et cour d'honneur. C'était un bon début. Yves avait écrit un vrai scénario, un script avec des dialogues, des scènes, des décors et des costumes. Le script avait dû être pas mal adapté pour arriver à faire entrer le tournage en trois périodes de vacances, Toussaint, Noël et février, et six acteurs. Jibé et moi, évidemment, et puis tout un tas de petits rôles qui étaient tenus par quatre autres, dont mon cousin Nicolas qui jouait un croque-mort, un concierge et une gargouille, Gribouille qui faisait costumier, éclairagiste, assistant, cuisinier et silhouette parlante, Cath qui sortait un peu avec Nicolas et qui faisait des petits trucs par-ci, par-là, et une autre fille, Sophie, censée être mon amie dans le film, mais que j'aimais moyennement en réalité et qui se plaignait que la caméra était toujours sur Yvonne de Galais, c'est-à-dire sur moi, et jamais sur elle. Ce qui était vrai.

On se trouvait géniaux et Yves nous avait promis

le cinéma Pathé Clichy pour Noël 68. On y croyait, on était remontés à bloc, on était des stars, on ne pensait qu'au film. En fait, on n'a jamais pu le finir. À cause de bonne-maman et de mai. À la dernière session de février, Jibé et moi on s'est retrouvés embarqués sur le Loir, qui passait en bas du château, j'étais allongée dans une sorte de barcasse drapée de noir puisque j'étais morte, avec deux chandeliers allumés autour de la tête, et on a dérivé sur dix-huit kilomètres à cause du courant. Nico devait tout le temps rallumer les chandelles qui s'éteignaient, Yves courait sur la rive avec la caméra, les autres couraient aussi, en essayant de nous lancer une corde pour qu'on s'arrête, sauf quand les ronces les empêchaient de passer. La nuit était tombée. On s'est retrouvés loin en aval, arrêtés par le barrage du moulin de Griselles où les gendarmes et la grand-mère d'Yves nous attendaient et nous ont passé un sacré savon. Bonne-maman a déclaré que c'était la fin des festivités ; elle nous renvoyait chez nos parents.

De toute façon, après c'était mars et c'est là que mai a commencé. Je veux dire Mai 68, mais on ne le savait pas encore.

. 2

Avec Jibé, on passait énormément de temps au téléphone à se parler d'amour. On restait très romantiques. J'essayais de dire les mots d'amour que j'avais entendus dans *Fantomas* quand Jean Marais embrasse Mylène Demongeot, mais ça sonnait un peu faux. En vrai, je n'y connaissais rien. Et puis, en février, je n'étais déjà plus tout à fait sûre d'aimer Jibé. Ça m'embêtait un peu, mais je faisais comme si. Il y avait encore le film et puis je n'avais personne d'autre et il me semblait qu'il fallait avoir un petit ami pour être quelqu'un d'intéressant. Ma copine Catherine était toujours amoureuse de Nico et on se téléphonait dès que nos mères n'étaient pas là. Je lui racontais que Nicolas avait rêvé d'elle, ce n'était pas vrai mais ça lui faisait plaisir. Et on passait beaucoup de temps à dégommer celles qu'on n'aimait pas ou dont on était jalouses, jusqu'à ce que ma mère rentre du travail et me crie de raccrocher, que le téléphone ça coûtait cher et qu'elle aimerait savoir ce qu'on pouvait bien avoir à se dire pendant des heures.

La pire au téléphone, c'était ma grand-mère, Granny. Elle y passait un temps fou parce qu'elle avait mal aux pieds et ne sortait pas trop, tout en étant farouchement engagée, avec ses amis, contre la guerre du Vietnam. Je ne comprenais pas grand-chose à cette guerre, sinon qu'il fallait être contre, bien sûr. J'avais du mal à imaginer comment elle pouvait espérer faire cesser la guerre par téléphone, mais ma grand-mère était de celles qui faisaient bouger les lignes sans bouger de chez elle. Je ne m'intéressais pas trop à la politique, au grand dam de Granny, et elle s'évertuait à nous dire qu'il fallait s'engager dans la vie et que nous étions responsables du monde dans lequel nous vivions. Jusqu'en mai 68, ces paroles avaient pour moi un sens très relatif. À vrai dire, je ne me sentais pas responsable de grand-chose.

Les Américains avaient envoyé leur armée au Vietnam quelques années plus tôt, soi-disant pour aider à mater l'insurrection du Nord-Vietnam qui voulait devenir un pays démocratique, en réalité pour conserver leur influence sur cette partie du monde et surtout pour s'opposer aux communistes qui soutenaient le Nord-Vietnam. Depuis 67, l'armée américaine bombardait des territoires entiers, détruisant des villages, des champs cultivés, des forêts, sous prétexte que des opposants s'y cachaient. Ils s'étaient mis à déverser un produit terrifiant, le napalm, qui brûlait tout ce qu'il touchait, bêtes, végétation, hommes, femmes et enfants. Devant toutes les horreurs infligées par les Américains aux populations vietnamiennes et que relayait la télévision, la contestation avait commencé à monter, d'abord parmi les étudiants américains, puis dans toute l'Europe, en Allemagne, en Pologne, en France.

Granny, le Vietnam, ça lui fichait la honte. La Constitution américaine était punaisée dans sa cuisine, il y avait la dignité et les valeurs à défendre, ça, je l'avais toujours entendu et aussi que l'Amérique était le pays de la liberté et la France une terre d'asile.

Chez moi, l'engagement était de famille, côté maternel. Quand j'avais dix ans, j'allais avec ma mère distribuer des tracts pour l'Algérie algérienne ; comme j'étais petite je ne comprenais pas que l'Algérie puisse être autre chose qu'algérienne. Ma grand-mère, elle, c'était le Vietnam. Son appartement n'était pas grand, mais elle accueillait chez elle des déserteurs américains qui ne voulaient pas aller là-bas faire leur armée. Le temps qu'ils trouvent un logement, ils dormaient sur son canapé et, quand il y en avait deux d'un coup, elle en mettait un dans sa baignoire qui était spacieuse, ce qui était commode parce que les Américains sont souvent très grands à cause du lait qu'ils boivent à la place du vin. À la guerre comme à la guerre, disait Granny, avant de leur trouver un autre endroit à Paris, chez une de ses copines. Elles avaient créé une association qui s'appelait PACS, Paris American Committee to Stop War ; je trouvais le sigle très classe. Elles faisaient des tonnes de courriers, lisaient des tonnes de journaux, elles allaient s'asseoir devant les ambassades sur des pliants et recevaient des diplomates vietnamiens qui, eux, étaient tout petits. Dans la baignoire ils auraient été plus à l'aise que les déserteurs américains, mais ils n'en avaient pas besoin.

J'adorais venir voir ma grand-mère rue de Rennes parce qu'elle était la tendresse même, mais je trouvais qu'elle passait beaucoup trop de temps au téléphone à s'occuper des Vietnamiens, ce qui, je l'avoue, me déplaisait aussi à cause des postillons alimentaires qui, inévitablement, venaient se déposer sur le combiné du fait de son dentier. Quand elle me passait le téléphone parce que ma mère voulait que je revienne dare-dare pour le dîner et-sans-traîner-s'il-te-plaît, je criais : « J'arrive » en tenant le combiné loin de mon oreille et Granny disait que je n'étais pas gentille avec ma mère, qu'il ne fallait pas s'étonner si nos relations étaient tendues. Je n'osais pas lui dire que c'était à cause de son dentier et que nos relations n'étaient pas si tendues que ça.

En février 68, ma grand-mère et ses copines ont organisé une grande marche contre l'ambassade américaine. Ce jour-là, Granny était censée garder Lucie, ma petite cousine de trois ans. Elle a donc emmené la petite avec elle et m'a demandé de l'accompagner. Il fallait surtout ne rien dire à sa mère, la sœur de la mienne, ma tante. On est parties toutes les trois, ma grand-mère, Lucie et moi, pour rejoindre la manif qui se formait en bas du boulevard Saint-Michel. Il y avait déjà beaucoup d'étudiants qui sautaient sur place en attendant de pouvoir avancer et en criant: « Hô, hô, Hô Chi Minh ! » parce qu'ils se gelaient les pieds. C'était le vrai nom vietnamien de la capitale que les Américains avaient débaptisée, à moins que ce n'ait été les Français, qui y étaient allés aussi quand ça s'appelait l'Indochine. J'étais un peu vague sur la situation internationale.

Quand on est arrivées place Saint-Michel, la pluie a commencé à tomber. C'était drôle, des étudiants avaient mis le feu au drapeau américain qui brûlait allègrement malgré la pluie et tout le monde s'est mis à pousser des cris comme pour encourager le feu ou les Vietnamiens. Le drapeau américain en flammes, ça passait quand même difficilement pour Granny, et elle a dû espérer secrètement que la pluie finisse par l'éteindre, mais elle n'a rien dit.

On a retrouvé le « Comité Vietnam Condorcet » où était mon cousin Nicolas et ses copains. J'étais déjà allée une fois à une réunion des Comités Vietnam, en janvier, et j'avais surtout été frappée par le nombre de garçons. À cette époque, les classes n'étaient jamais mixtes, on n'était pas habituées à en voir autant d'un coup. Nicolas, on ne pouvait pas dire qu'il militait sérieusement contre la guerre du Vietnam, il ne faisait rien « sérieusement ». Mais comme il était très populaire, il avait beaucoup de copains, et pour moi qui n'étais ni populaire ni intéressante, ça valait le coup d'être avec lui.

À un moment, Lucie s'est mise à pleurnicher parce qu'elle ne voyait rien et Granny a demandé à Nico de la prendre sur ses épaules. Et tout à coup on s'est rendu compte qu'au lieu de crier : « Paix au Vietnam ! », la petite Lucie criait « Paix aux vieilles dames ! ». Autour de nous, tout le monde se marrait.

Aux vacances de février, on avait prévu de finir *Le Grand Meaulnes*, mais après l'histoire de la barque, on a eu beau insister, bonne-maman ne voulait plus entendre parler de nous. Les parents n'ont rien voulu savoir pour plaider notre cause. Ils ont dit que de toute façon, cette histoire de film l'année du bac, ça commençait à bien faire et qu'on en reparlerait à Pâques, si on était à jour dans nos révisions.

Finalement, avec deux copines, on est parties en classe de neige pour prendre des forces avant « la dernière ligne droite », comme disait le père de Cath. On était une soixantaine et on avait le droit de se mélanger, garçons et filles, pendant les cours de ski, les repas et les veillées. À la veillée télé, quand Jean-Claude Killy a eu la médaille d'or aux JO de Grenoble, on était serrés les uns contre les autres dans la minuscule salle de télévision, avec une télé en couleurs qui nous paraissait sortie d'un rêve. Il n'y avait pas assez de place sur les bancs et Françoise a eu son premier flirt ce soir-là avec un Emmanuel qui l'avait acceptée sur ses genoux.

Après, il restait encore quelques jours et on est allées chez la mémère de Cath, qui était couturière à Gif-sur-Yvette. On y allait parfois, c'était pratique, le train était juste en bas de chez nous, gare du Luxembourg. Mémère avait perdu la tante de Cath quand elle était petite, depuis les enfants lui manquaient. Du coup, Cath devait y aller tous les mercredis soir, de préférence avec une copine parce qu'elle se barbait chez mémère. Moi, j'y allais surtout pour la télé, mais j'aimais bien regarder travailler mémère. Elle découpait un patron dans du papier journal, elle le pliait en deux, ensuite, hop, elle le posait sur le tissu, et clac, d'un coup de ciseaux, elle coupait. Après, on ramassait les chutes et il fallait découper des carrés pour les accrocher dans les cabinets au fond du jardin. Le papier journal, c'était pour s'essuyer les fesses. Je les aimais bien, les grands-parents de Cath ; leur seul problème, c'étaient ces cabinets, surtout quand il pleuvait. C'était une cabine en bois qu'on fermait par un crochet, la nuit il fallait courir parce qu'on avait peur. Parfois, on se trompait, on accrochait les résultats du catch dans les cabinets et le grand-père, qu'on appelait pépère, criait qu'on lui avait encore piqué son journal pour se torcher. Il fallait ressortir et aller décrocher les carrés. Il les mettait les uns à côté des autres sur la toile cirée en râlant dans sa moustache et il recollait tout avec du scotch. Pépère, c'était un fou de catch, il regardait tous les matchs à la télé et il poussait de grands cris quand il y avait Chéri-Bibi ou le Bourreau de Béthune, ses catcheurs préférés, contre l'Ange blanc, qu'il ne pouvait pas encaisser.

L'année de la première, un jour où on revenait de chez mémère, on avait rencontré Michel et Patrice en faisant du stop pour aller à la gare. On nous interdisait formellement de faire du stop, mais on le faisait quand même. Michel avait au moins vingt-quatre ans et il allait à Gif tous les soirs pour voir sa fiancée, on lui téléphonait de la cabine et il nous emmenait à la gare. Patrice, c'était encore mieux, il nous emmenait jusqu'à Paris dans sa 2CV. Il était vieux aussi, vingt ans, mais beaucoup plus chic que Michel. On l'a utilisé jusqu'en mars.

Un jour, Michel, le vieux de vingt-quatre ans qui nous raccompagnait à la gare, a essayé de m'embrasser parce que le train avait du retard, mais je suis sortie de la voiture très vite. Après, je préférais rentrer avec Patrice. Patrice avait un nom à rallonge, quelque chose comme Foucart de La Gaffelière de Machinchose, il montait à cheval dans un club hippique près de Gif et il avait toujours une cravache avec lui, je trouvais ça très classe. Comme il n'était pas mal, surtout de profil, avec un nez busqué, j'avais été assez fière, au début, qu'il me drague. Il me raccompagnait jusqu'à la porte d'Orléans où je prenais le 38 pour rentrer chez moi. Personne ne le savait sauf Cath, qui habitait à Orsay, il la déposait sur le chemin et je restais seule avec lui. Il conduisait nerveusement et la 2 CV faisait beaucoup de secousses. Il n'arrêtait pas de se moquer de moi à cause de ma mère qui lisait *Le Nouvel Observateur* et il me disait des choses un peu horribles sur de Gaulle qui n'aurait d'après lui jamais dû accorder leur indépendance aux Algériens. Moi je disais « oui, oui » parce que ma mère n'aimait pas de Gaulle et que je trouvais Patrice sexy. Je ne voulais pas le contredire, de toute façon je n'avais pas les arguments.

Pour le coup, ça m'embêtait un peu, d'être de gauche. Et même s'il me vouvoyait, je sentais bien que pour lui j'étais une moins-que-rien : j'avais des parents divorcés, sans voiture, ni télé, mon père n'était pas patron d'usine, ma mère n'était pas « au foyer », je n'avais fait ni catéchisme ni communion. Je n'étais même pas baptisée. Avec ce type, je n'étais pas au niveau, c'était clair. C'est pour ça que je m'étais laissé embrasser, mais je m'étais essuyé la bouche en douce et il m'avait vue. Pour me rattraper aux branches basses, j'avais encore fait une gaffe. Un peu plus tard, il m'avait demandé si ma famille avait des origines « israélites ». Comme je ne savais pas quoi répondre, j'avais invoqué Jésus-Christ auquel je voyais bien qu'il était très attaché à cause d'une petite photo de la Vierge qu'il portait sur une chaîne autour du cou. J'avais dit : « Mais enfin, Patrice, le Christ était juif… » J'espérais avoir fait mouche, mais il m'avait répondu : « C'est pas ce qu'il a fait de mieux. » Après, il avait été de mauvaise humeur pendant tout le trajet. Il m'avait quand même embrassée une deuxième fois et je m'étais laissé faire pour me faire pardonner d'être de gauche et d'avoir des origines israélites. Mais j'avais dû le blesser dans ses convictions. Il ne m'a plus proposé de me ramener en voiture.

Avec Jibé, ce n'était pas pareil. Dès qu'on est sortis ensemble, il m'a emmenée chez sa mère. Elle me traitait comme sa belle-fille. Elle m'appelait par mon prénom et me vouvoyait, avec une manière bluffante de ne pas enlever sa Craven filtre de sa bouche quand ses mains étaient occupées à faire la cuisine. Sa voix était rouillée à cause de la cigarette et elle n'avait pas de mari. Comme ma mère, mais le sien était mort. J'adorais quand elle me proposait de rester dîner après qu'on avait flirté dans la chambre de Jibé sur *A Whiter Shade of Pale*, un slow langoureux du groupe Procol Harum. Elle frappait à la porte: «Les amoureux, vous dînez?», je répondais : «Oui, on arrive!», Jibé me faisait les gros yeux pour dire qu'il préférait qu'on reste tous les deux sans manger, moi je bondissais du lit, je n'attendais que ça. Sa mère faisait un «mate-faim», une sorte de grosse crêpe bourrative pas chère parce qu'elle élevait seule ses enfants. On mettait plein de fromage râpé et elle nous regardait manger en fumant ses Craven. En fait, je crois que je préférais sa mère à Jibé.

Il avait aussi une sœur très belle, Anne-Marie, qui était étudiante aux Beaux-Arts. Elle nous donnait des petits cours de maths et c'était par elle que j'avais connu Jibé. On ne la voyait jamais quand on allait rue Garancière parce qu'elle avait le droit de ne pas rentrer coucher. Moi, Jibé me raccompagnait avant 22 heures, en bas de chez moi on s'embrassait, mais je n'avais pas envie d'aller plus loin alors que lui, oui. Ça le fâchait, il me traitait d'allumeuse, je ne savais pas vraiment ce que ça voulait dire, mais je devinais.

. 3

Au début de l'année 68, mes préoccupations étaient celles de toutes les filles de l'époque. C'était quelque chose de nouveau qui émergeait depuis quelques années. On appelait cela la « nouvelle mode », mais ça n'avait rien à voir avec la « mode » genre Grace de Monaco et Elizabeth Taylor qui faisaient les couvertures de *Paris Match*, ou encore avec les magazines comme *Modes & Travaux* que lisaient les mères de mes copines, presque toutes femmes au foyer et « maîtresses de maison ». La nouvelle mode, celle qui nous faisait vibrer, ressemblait à cette partie de la société qui était en train d'émerger, qu'on appelait depuis peu « la jeunesse », et qui poussait l'extravagance jusqu'à revendiquer une manière de s'habiller et de se coiffer. Les chanteurs « yéyé » avaient lancé celle de la frange dans les yeux, des jupes très courtes pour les filles et des pantalons pattes d'éléphant pour les garçons.

Des marques de vêtements étaient nées, qui étaient pour la première fois à portée de toutes les bourses, que l'on voyait dans les magazines féminins et que l'on pouvait trouver dans les Grands Magasins. C'était nouveau. Jusqu'alors, le « prêt-à-porter » n'existait pas ou peu. Quand j'étais petite fille, j'allais chez la couturière où je devais monter sur la table et tourner sur moi-même pour qu'elle épingle l'ourlet de mes robes pendant un temps qui me paraissait interminable. Boulevard Saint-Michel, à côté de chez moi, une boutique de vêtements avait ouvert l'année de ma troisième. Avec mes copines nous rêvions devant la vitrine et Mina avait fini par m'acheter la robe chasuble que portaient cette année-là toutes les filles de ma classe et grâce à laquelle, pour la première fois, je parvenais à me fondre dans la masse en ressemblant aux autres. Et je me souviens encore de mon émerveillement lorsque, l'année suivante, ma mère m'emmena à la Samaritaine pour m'acheter mon premier manteau « tout fait » au rayon « femmes ». Il y avait des rangées entières de manteaux du même modèle, mais de tailles et de couleurs différentes. Le mien était gris clair à carreaux d'un gris plus foncé. J'avais quinze ans.

Sur le moment, on n'avait pas conscience que quelque chose était en train de changer à toute allure dans notre manière de vivre. Les « jeunes » qui arrivaient, c'étaient tous ceux qui, comme moi, comme Nicolas et les autres, étaient nés après la guerre, dans le sillage de l'incroyable enthousiasme de la Libération. Tous ceux dont les parents avaient accueilli dans la liesse la fin des années noires, quinze ou vingt ans auparavant, et manifesté l'espoir d'une vie meilleure en faisant beaucoup d'enfants. Ces enfants que l'on a appelés les « baby-boomers », c'était nous. Et le monde qu'on nous proposait était comme un vêtement trop petit ? les coutures craquaient de partout.

Sans vraiment le savoir, nous abordions cette fin des années soixante avec une immense soif de changement. Cette soif touchait tout ce qui nous concernait : les vêtements, la musique, l'amour, la politique, l'école, l'université. Il me reste de l'année 1967 une image, celle d'une couverture du magazine *Paris Match*. Nous étions avec ma mère dans la salle d'attente de l'orthodontiste, lequel devait enfin m'enlever l'appareil dentaire honni qui m'empêchait de sourire depuis deux ans. En réalité, je ne me souviens pas de l'image, mais de la phrase : « Feu vert pour la pilule ». Toutes les femmes se passaient le magazine en attendant leur tour. Ma mère elle-même a commencé à lire l'article, mais n'a pas eu le temps de le finir avant que le dentiste nous appelle. Je ne l'avais pas vue lire *Paris Match* depuis l'assassinat de Kennedy, en 1963. Plus tard, dans le bus, je lui ai demandé de quelle « pilule » il s'agissait. Je n'ai rien compris à sa réponse et n'ai pas jugé bon de demander d'éclaircissements supplémentaires. Cela ne faisait pas si longtemps que je savais comment on faisait les enfants et son explication m'a paru un peu compliquée.

Pour l'heure, en ce début 68, nous avions peu de conscience sociale et politique. Mais la musique et la mode nouvelles nous enivraient. Le problème pour moi, c'était qu'aucun de ces deux sujets n'intéressait vraiment ma mère. Nous avions une manière de vivre un peu à part qui m'avait toujours située dans une sorte d'anormalité contre laquelle je me révoltais régulièrement. La musique que nous écoutions venait du tourne-disque et non de la radio, que bizarrement nous n'avions pas. Elle était essentiellement classique, blues et un peu folk à cause de ma grand-mère. J'adorais Joan Baez, Leonard Cohen et Louis Armstrong mais j'avais dû supplier ma mère pour qu'elle m'achète le 45 tours de Michel Polnareff qui faisait fureur, *L'Amour avec toi,* pour mon quinzième anniversaire.

Ma mère me coupait la frange trop court, alors que je rêvais de l'avoir dans les yeux comme Sylvie Vartan. Elle m'achetait des kilts écossais et des twin-sets, mais pas la gabardine anglaise de Carnaby Street ou le pull « près du corps » à motif jacquard. De toute façon la gabardine était mille fois trop chère. Les parents de Catherine avaient plus d'argent que nous parce que son père était directeur d'une usine de talons aiguilles. C'était clair que bibliothécaire à la fac, ça payait moins. Quant à mon père, il écrivait des livres et n'habitait pas à la maison. Les parents de Catherine avaient la télé couleur. Nous, on ne l'avait même pas en noir et blanc. Pour ma mère, c'était une question de principes... Principes que je ne comprenais pas toujours. Même la concierge avait la télé.

Avec mon frère, quand on ne se disputait pas parce que je lui avais piqué *Sylvain et Sylvette* ou son 45 tours d'Eddy Mitchell, on avait un système. On regardait la télé des Imbert depuis la fenêtre de notre cuisine. Les Imbert habitaient au premier, l'été ils ouvraient leurs fenêtres, on installait nos chaises et on avait une bonne vue sur leur salon. On regardait *La Caméra invisible* ou *Les Dossiers de l'écran* jusqu'à ce que notre mère rentre du travail et se mette à crier : « Fermez cette fenêtre ! Vous n'avez pas honte ! Vous allez finir avec un petit pois dans la tête ! »

Dans ma classe de terminale il y avait celles qui portaient des bas et celles qui portaient encore des chaussettes, celles qui avaient la télé couleur et celles qui ne l'avaient qu'en noir et blanc. Je faisais toujours partie du deuxième groupe. Et s'il y en avait eu un troisième, je l'aurais formé à moi toute seule, puisque je n'avais ni télé ni radio. Dans les discussions, je disais que les bas, ça faisait pute et que la télé, ça rendait bête, mais je rêvais d'avoir les deux.

Nora et Anémone portaient des bas avec des jarretelles. Comme elles avaient redoublé plusieurs fois, elles étaient bien plus âgées que nous. En récréation, elle raccrochaient ostensiblement leurs bas dans la cour en relevant leur jupe sur le côté avec le pied pointé, un geste que nous trouvions follement chic, et elles fumaient dans les toilettes du lycée. Toutes les filles avaient envie d'être amies avec elles, mais elles voyaient des garçons en dehors du lycée et ne s'intéressaient absolument pas à nous. Je les enviais mortellement. Elles étaient dans la vraie vie. Un jour, la directrice, Mlle Cramez, est entrée dans la classe pendant le cours d'histoire. On s'est toutes levées en faisant trop de bruit avec nos chaises, Cramez est montée sur l'estrade et a dit: «Que celles qui se font attendre à la sortie du lycée par des brochettes de chevelus se dénoncent!» Nora et Anémone ont levé le doigt, elles riaient comme des folles et elles ont été convoquées dans le bureau de la directrice. On jouait les choquées, mais on crevait de jalousie.

Il y avait toutes ces choses nouvelles qui arrivaient en masse, la musique pop, la mode anglaise, la pilule et la guerre du Vietnam, mais comme on était nous-mêmes à un moment de notre vie où tout changeait, on ne se rendait pas compte à quel point celles-là étaient différentes. Et surtout à quel point elles étaient porteuses d'autre chose que les nouveautés habituelles.

Aussi, quand ma grand-mère a téléphoné un soir du mois de mars pour dire que les étudiants d'une lointaine banlieue de Paris appelée Nanterre mettaient un foin d'enfer dans leur université, sur le moment ça ne nous a pas fait plus d'effet qu'un fait divers. Un gros accident de voiture dans lequel heureusement il n'y aurait eu que des blessés. Apparemment, les étudiants s'insurgeaient contre le fait que les garçons du « campus » n'avaient pas le droit d'aller dans les dortoirs des filles. Mina elle-même trouvait cela ridicule. On était quand même au XXe siècle, les garçons et les filles avaient le droit de se fréquenter avant la majorité, qui était à vingt et un ans ! Et on a fini tranquillement le dessert.

Ce n'est qu'avec la répétition des « incidents » à Nanterre, comme disaient les journaux, et la place de plus en plus grande qu'ils accordaient aux « enragés » qu'on a compris qu'il se passait quelque chose.

Un soir, ma grand-mère a appelé pendant le dîner et, cette fois, ma mère n'est pas revenue à table. Elle a téléphoné tout de suite à son amie Monique. J'entendais qu'elles parlaient des étudiants. Ma mère avait une voix plus aiguë que d'habitude, une voix que je reconnaissais. Je l'avais déjà entendue, il y avait longtemps. Ma mère parlait déjà avec Monique au téléphone. De la guerre d'Algérie.

Monique avait été mariée avec Avram, mais ils n'étaient plus ensemble et Mina était restée proche des deux. Avram était professeur de sociologie à l'université où ma mère était bibliothécaire. Lorsque l'un ou l'autre venait à la maison, jamais en même temps bien sûr, ils parlaient politique pendant des soirées entières. Avec Monique, elles se téléphonaient souvent, aussi pour parler des enfants dont elles concluaient invariablement qu'ils ne s'intéressaient à rien.

Ce jour-là, en entendant leur conversation, j'ai compris que les étudiants de Nanterre, ça devenait sérieux, et comme j'avais hâte d'être étudiante, j'ai tendu l'oreille. D'après ce que je saisissais, ils voulaient pouvoir discuter avec les profs, ils voulaient pouvoir décider avec eux s'ils passaient dans la classe supérieure, ils ne voulaient plus de concours ni de notes. Ça paraissait impensable. J'ai essayé d'imaginer le collège Sévigné sans notes, je voyais Mlle Cramez demandant à Nora et à Anémone de lui expliquer pourquoi elles se maquillaient aussi outrageusement, Anémone lui aurait dit que c'était pour plaire aux garçons, Cramez leur aurait rétorqué qu'elles étaient belles au naturel. Non, ça ne marchait pas. Je suis vite sortie de ma rêverie.

Sans radio ni télé, notre moyen de communication avec le monde était ma grand-mère, Granny. J'avais des parents préhistoriques. Quelque temps plus tard, Granny a encore appelé pour dire que les étudiants de Nanterre avaient occupé la faculté, les bureaux des secrétaires et des profs pour protester contre l'arrestation de leurs camarades lors d'une manifestation contre la guerre du Vietnam. Les étudiants avaient créé une sorte de parti politique qui s'appelait le « Mouvement du 22 mars » et qui mettait un bazar monstre à la fac. Du coup, l'université avait décidé d'annuler tous les cours et de fermer ses portes.

J'entendais ma mère qui disait au téléphone : « Ils continuent à mettre le foutoir à la fac ? » Et ce foutoir-là m'intéressait au plus haut point, j'espérais bien qu'il m'attendrait jusqu'à la prochaine rentrée.

Le mercredi après le lycée, je voyais Jibé. On faisait toujours la même chose, il venait me chercher au Balto, un café au coin du boulevard Saint-Michel et de la rue du Val-de-Grâce, on prenait un Coca, il me pétrissait la main en me regardant avec des yeux de merlan frit. On prenait le 38 jusqu'à la fontaine Saint-Michel parce que le mercredi soir je dormais chez mon père, Jibé m'accompagnait rue Saint-André-des-Arts en me tenant la main serrée comme s'il avait peur que je ne m'échappe, il attendait d'être devant la porte cochère pour m'embrasser furieusement, surtout qu'on venait de m'enlever mon appareil dentaire. J'abrégeais en disant que mon père m'attendait.

Fin mars, j'ai dit à Jibé que j'en avais marre. Je ne l'ai pas dit comme ça, évidemment, j'ai dit que j'avais sondé mon cœur dans toutes les directions et que je voulais être honnête avec lui. Mais ça revenait au même. Et puis, tout à coup, il s'est mis à faire des journées comme en été. On s'est habillés en manches courtes et jambes nues. Et là, on a senti que le bac approchait.

. 4

L'assassinat de Martin Luther King, début avril, a bouleversé le monde entier et en particulier ma grand-mère. En tant qu'Américaine, viscéralement antiraciste, et activiste dans l'âme, elle était atteinte dans ses convictions les plus profondes par cette tragédie. Martin Luther King était un pasteur noir qui militait contre des organisations xénophobes comme le Ku Klux Klan, mais aussi contre le racisme anti-Noirs dans la société américaine. Martin Luther King, c'était celui qui avait lancé quelques années auparavant devant une foule de deux cent cinquante mille personnes : « I have a dream ». Son rêve, c'était celui d'une Amérique fraternelle, dans laquelle Blancs et Noirs se retrouveraient unis et libres. Il avait eu le prix Nobel de la paix et il avait dit que les nations riches devaient travailler à combler le fossé entre la minorité riche et la majorité pauvre.

Sa mort a été ressentie comme un drame universel et un coup d'arrêt aux mouvements égalitaristes dans tous les pays où existait la discrimination raciale.

C'était le soir, j'étais dans mon bain et ma mère prenait congé d'Anne-Marie qui terminait le petit cours de maths de mon frère. Anne-Marie avait vingt-quatre ans, on la connaissait depuis la quatrième et on était tous amoureux d'elle, surtout mon cousin Nico. Comme notre salle de bains donnait sur l'entrée où se trouvait le téléphone, j'ai tout entendu. C'était l'heure où ma grand-mère appelait pour les informations. Ma mère a raccroché et elle a dit à Anne-Marie: « Ils ont descendu Martin Luther King. » Anne-Marie n'a rien dit, peut-être qu'elle ne connaissait pas Martin Luther King comme moi, et ma mère a ajouté: « Vous savez, le pasteur noir américain qui lutte contre le racisme. Quel monde de fous! » Après, Anne-Marie est partie et je suis sortie de la salle de bains. J'ai essayé de faire un brushing, mais j'avais les cheveux trop bouclés et je me suis disputée avec ma mère qui n'a pas voulu me lisser les cheveux avec le fer à repasser. Elle a crié qu'il y avait des choses plus importantes dans le monde que de se repasser les cheveux et je me suis sentie humiliée.

Je ne sais pas si on pouvait saisir alors, en France,

en quoi cette chose-là, qui se passait si loin de chez nous, nous concernait de si près. Mais l'assassinat de Martin Luther King a été comme ces ruisseaux qui se rejoignent dans les grandes rivières pour finir par faire les océans. Et je crois que tous les mouvements de révolte qui se sont répandus comme un souffle ardent sur le monde occidental en ce printemps 1968 ont aussi résonné avec cet événement qui s'était produit de l'autre côté de l'Atlantique.

Nos parents avaient décidé qu'on travaillerait pendant les vacances de Pâques et qu'on était tous en retard sur nos révisions. Nous, on était très en retard dans le tournage du *Grand Meaulnes* et, malgré ma rupture avec Jibé, on s'est tous appelé début avril pour essayer de contourner la décision des parents, mais c'était trop tard. Mina avait prévu une session intensive de révision dans le Midi, dans une maison très isolée où il n'y avait même pas le téléphone.

On est partis à quatre, avec mon frère, ma mère et son amie Monique qui me faisait réviser mon allemand quand elle n'était pas en train de se plaindre auprès de Mina qu'elle n'avait pas d'amoureux. Et ma mère lui disait: « Mais enfin, Monique, nous autres femmes sommes des êtres autonomes. » Je ne voyais pas trop le rapport. Moi je me trouvais autonome, mais j'avais très envie d'avoir un amoureux, depuis que j'avais quitté Jibé. La maison était perdue au milieu du maquis, mais Monique allait tous les jours au village à pied acheter la presse et le pain et on lisait qu'à Paris, ça continuait à chauffer avec les étudiants. Les journaux parlaient tous les jours de Nanterre et Monique et Mina commentaient chaque matin les nouvelles au moment du café. Moi je n'y faisais pas encore trop attention. J'avoue que j'étais assez occupée à faire la gueule à ma mère à cause de l'histoire du film.

Quand on est rentrés à Paris, ma grand-mère s'est mise à appeler chaque soir pour nous donner les nouvelles de Nanterre. Pendant ce temps-là, je révisais ma géo en écoutant *Comment te dire adieu*, un disque de Françoise Hardy que m'avait prêté Cath, et tout à coup il y a eu une odeur de brûlé et ma mère qui était toujours au téléphone m'a crié : « Va éteindre le riz, vite ! »

Et puis un jour, ça a été le 22 avril. Je m'en souviens parce que c'était l'anniversaire de Catherine. Les fameux étudiants de Nanterre ont décidé de ne plus aller en cours, il y a eu des bagarres terribles avec ceux qui voulaient quand même y aller, des chaises et des vitres cassées, les journaux parlaient d'un « meneur » qui avait un drôle de patronyme, « Cohn-Bendit ».

Nanterre, ça paraissait loin, c'était une banlieue perdue à l'ouest de Paris dont personne n'avait jamais entendu parler avant. En fait, c'était tellement irréel que ce n'était encore qu'un nom. Tous ces noms allaient très vite devenir réalité, mais en cette fin avril, je ne savais même pas que j'habitais le « Quartier latin ». C'était juste mon quartier. Alors au début, quand les journaux parlaient de « Nanterre » et des « enragés », ça faisait un peu l'effet d'une pièce de théâtre. Un décor avec du bruit dedans.

Mais c'était un bruit qui se rapprochait.

. 5

En 1968, le mois de mai a commencé un vendredi 3.

Ce vendredi après-midi, en cours, on s'était encore fait engueuler par Mlle Cramez à cause de Nora et d'Anémone. Elles portaient ce jour-là des minijupes à mi-cuisse, à la mode Courrèges. Cramez avait piqué sa crise et fait consigner toutes celles dont on voyait les genoux. Les cuisses des filles, ça la rendait hystérique. J'avais fait partie du lot, comme la moitié de la classe, elles n'étaient que onze à être restées en cours avec leurs jupes de bonnes sœurs qui leur battaient les mollets. On s'était retrouvées en étude jusqu'à 18 heures, obligées de plancher l'histoire-géo, « ça sera toujours ça de pris dans vos cervelles de moineaux qui ne songent qu'aux futilités de la vie moderne ! » avait claironné Cramez avant de fermer la porte d'un geste auguste.

J'étais revenue à la maison furieuse. J'avais balancé mon sac sur la table de l'entrée, je m'étais jetée sur mon lit avec Barbara qui chantait «Je te téléphone près du métro Rome. Paris sous la pluie me glace et m'ennuie. La Seine est plus grise que la Tamise, ce ciel de brouillard me fout le cafard» et j'avais plongé tête la première dans des rêves de liberté sans Cramez, sans géo et sans baccalauréat.

C'est la mère de Jibé qui nous a appelés vers 19 heures. Anne-Marie avait été arrêtée l'après-midi à la Sorbonne avec son petit ami, elle ne pourrait pas assurer mon cours de maths. Les maths, je m'en fichais, mais Anne-Marie, «arrêtée», ça m'a fait un coup. Soudain, ça se rapprochait, tout ce qu'on entendait sur les étudiants et les bagarres avec la police. Ça devenait réel. Anne-Marie menottée quelque part, avait peut-être été jetée ainsi que d'autres étudiants dans un vieux cachot sur de la paille avec des rats. Mina m'a rassurée, on n'était pas dans *Les Trois Mousquetaires*. Tout de même il se passait des choses graves tout près de chez nous. En revenant du lycée vers 18 heures, j'avais bien vu qu'il y avait du grabuge du côté de la rue Victor-Cousin, qui prolonge celle de la Sorbonne, mais je n'avais pas poussé rue Soufflot, j'étais trop énervée à cause de Cramez.

En fait, au Quartier, c'était déjà l'état de siège.

En milieu de journée, les étudiants de Nanterre étaient venus rejoindre ceux de Paris pour un meeting dans la cour de la Sorbonne. Ils protestaient contre la fermeture de l'université de Nanterre et contre la menace d'exclusion qui pesait sur Daniel Cohn-Bendit et six de ses camarades. Pendant que les étudiants étaient en meeting, des groupes d'extrême droite s'étaient mis à converger vers la Sorbonne aux cris de « Tuons tous les communistes », « Communistes assassins » et « Occident vaincra ». Ils étaient armés de matraques. Apprenant cela, les étudiants de la Sorbonne avaient commencé à amasser des pierres et à arracher des pieds de chaises pour se défendre. Tout s'était précipité. À 16 h 30, des colonnes de policiers casqués étaient entrés dans la Sorbonne « pour rétablir l'ordre ».

Cela ne s'était jamais vu. L'université est un sanctuaire, un lieu de savoir, sacré comme une église. La police pas plus que l'armée n'y pénètrent. Ce jour-là, la police y est entrée avec des matraques. Le 3 mai restera marqué d'une pierre blanche : le jour où la Sorbonne a été évacuée par les CRS, le parcours de la révolte a été écrit en lettres de feu au fronton de notre histoire.

À 16 heures, il y avait quatre cents étudiants à l'intérieur de la Sorbonne. À 16 h 45, ils étaient mille à l'extérieur. À 17 h 15, trois mille. À 17 h 30, le premier pavé a fusé devant le lycée Saint-Louis. Il a fracassé la vitre d'un car de police et blessé grièvement un CRS. Les policiers sont devenus fous. Ils ont chargé en matraquant tout sur leur passage, manifestants, passants, étudiants, clients des cafés, commerçants, touristes, riverains, tous ceux qui voulaient s'interposer, stupéfaits de cette explosion de violence.

Du côté de la place Maubert, la première barricade a été élevée, suivie de dizaines d'autres. À 20 heures, plus de quatre cents étudiants étaient déjà arrêtés.

Les manifestants se comptaient par milliers. Pour la première fois, des jeunes occupaient le pavé parisien. Le Quartier latin était à feu et à sang.

Mina m'a dit : « Tu devrais téléphoner à Jibé. » Pour une fois qu'elle me demandait de téléphoner à quelqu'un. Jibé était content de m'entendre, il s'en faisait beaucoup moins que moi pour sa sœur et, pendant que je parlais avec lui, on a entendu crier dans la rue : « Libérez nos camarades ! » Les étudiants scandaient cette phrase avec une puissance et une détermination incroyables. Ça m'a galvanisée. J'ai dit à Jibé que j'étais obligée de raccrocher. Après il y a eu une grosse explosion suivie de plusieurs autres plus petites. Chaque fois il y avait des cris et d'autres slogans. Un peu de fumée a commencé à entrer dans l'appartement, les fenêtres étaient vieilles et peu jointives et laissaient même passer le froid. L'hiver, on avait beau monter des seaux de charbon de la cave, on se gelait toujours à cause de ces fenêtres.

À la nuit tombée, une rumeur folle montait de la rue, les cris se mêlaient aux sirènes et aux pétarades. Juste en bas de chez nous, on aurait dit que la rue était en feu. On tournait en rond dans l'appartement, je crevais d'envie aller voir ce qui se passait. Mon frère, lui, s'en fichait, il s'était enfermé dans sa chambre à lire *Pilote*. Ma mère a essayé de téléphoner à Monique pour qu'elle allume sa télé ou sa radio, mais personne ne répondait. On entendait toujours les étudiants qui criaient des slogans. Jibé avait essayé de rappeler mais je lui avais dit qu'on ne pouvait pas occuper la ligne. Granny téléphonait toutes les demi-heures pour nous tenir informées et quand elle nous a dit que les étudiants étaient en train de construire une barricade à cent mètres de notre entrée, j'ai voulu descendre dans la rue.

Ça me rendait dingue d'être là à ne rien faire, à ne même pas pouvoir crier « Libérez nos camarades », alors que, nous aussi, on avait Anne-Marie qui était arrêtée. Je me sentais concernée au premier chef. Je trouvais nul de rester cloîtrée à la maison avec ce qui se passait presque sous nos fenêtres. Mais ma mère faisait barrage, elle bloquait la porte. Finalement toute cette effervescence nous mettait tellement les nerfs à vif qu'elle m'a flanqué une gifle. On a recommencé à s'engueuler et je me suis enfermée dans ma chambre pour écouter Joan Baez très fort et ne plus entendre les bruits de la rue.

Quand je suis ressortie, il était très tard. Je n'avais pas voulu manger, Mina était calmée et la rue aussi. Granny avait appelé pour dire que la police avait relâché les étudiants arrêtés à la Sorbonne et Mina m'a dit : « Tu peux aller te coucher. » Comme si je n'attendais que ça. J'ai dit que je voulais appeler Jibé pour savoir si Anne-Marie avait été libérée avec tous les autres, mais il était presque minuit, c'était trop tard pour téléphoner.

Tout le samedi, ça a castagné dans le quartier. Des petits groupes de manifestants venaient harceler comme des guêpes les cordons de CRS disséminés un peu partout. La nuit suivante, il y a eu des bagarres jusqu'à la place Monge et beaucoup de blessés. Quand je suis sortie le dimanche matin, une odeur de feu et de brûlé flottait dans l'air. L'atmosphère était lourde et enfiévrée. J'ai pris le 21, pour réviser la philo avec Françoise, qui habitait vers les Gobelins, et Cath, qui dormait chez elle. Chez Françoise, tout le monde parlait des événements, bien sûr. Le père de Françoise, qui était médecin, était très choqué par la flambée de violence de la nuit précédente, mais il trouvait les étudiants « irresponsables ». Quant aux filles, elles avaient hâte de se mettre à Descartes et au *Discours de la méthode*. C'était très bizarre. Je me sentais frustrée. Dans mon amitié d'un côté, dans mon enthousiasme irrationnel pour le mouvement étudiant de l'autre.

Quand je suis revenue, Mina n'était pas à la maison. Elle a téléphoné un peu plus tard pour dire que la faculté de Censier, où elle était bibliothécaire, était occupée par les étudiants et qu'elle restait pour discuter avec eux. Un « comité d'occupation » était en train de se créer, composé d'étudiants, mais aussi de profs, d'assistants, de bibliothécaires, de techniciens et même de personnes qui nettoyaient les locaux, pour décider collectivement des sujets à aborder dans les jours qui allaient suivre. « Dans les jours qui allaient suivre»... J'ai compris que le mouvement ne faisait que commencer.

Mina est revenue le soir avec plusieurs collègues et Avram, qui faisait aussi partie de ce premier collectif. Ils ont continué à discuter du sujet de l'après-midi: la réorganisation de la hiérarchie entre professeurs et étudiants. Pendant les jours qui ont suivi, ma mère s'est rendue au comité d'occupation de Censier presque tous les matins. C'était comme si elle allait au travail, sauf qu'il n'y avait pas d'heure. Le comité siégeait en permanence, de jour comme de nuit. Les relations de pouvoir, c'était quelque chose qui passionnait Mina, mais au bout de quelques jours elle a décrété que le comité Censier était en train de devenir exactement l'envers de tout ce qui l'intéressait: un lieu où chaque groupuscule gauchiste – trotskistes, maoïstes, 2 mars, jeunesses communistes et compagnie – essayait d'avoir la place au soleil et de prendre le pouvoir. Ça l'a refroidie. Du coup les discussions se sont transportées chez nous parce que l'appartement était grand et ma mère généreuse.

À partir de ce moment-là, presque tous les soirs, la rue Malebranche s'est transformée en un lieu de rencontres et d'échanges. Tout le monde pouvait venir. La clé était sur la porte et tous les sujets sur la table. On parlait de tous les rapports de domination qui existaient dans la société: élèves/professeurs, malades/médecins, patrons/employés, créateurs/consommateurs, parents/enfants. Contre l'autorité, il n'y avait qu'une seule valeur : l'égalité. Mais qu'est-ce que ça voulait vraiment dire, l'« égalité » ?

Chacun apportait de quoi boire et manger, Mina faisait une grande salade ou un risotto géant. On discutait des nuits entières, moi je me faisais toute petite pour qu'on ne me parle pas de mon bac, éventuellement pour que l'on ne me suggère pas gentiment d'aller me coucher. J'écoutais. De toutes mes oreilles.

Je me suis mise à lire Nietzsche. Me l'avait-on fourré entre les mains ? Quelque ami qui me voulait du bien parmi ceux qui fréquentèrent la rue Malebranche en celle folle, merveilleuse époque de mai ? Sans doute. Peut-être aussi à cause d'une phrase de Nietszche recopiée à l'époque par une main inconnue sur un mur de Paris et qui m'avait bouleversée : « Il faut encore porter en soi un chaos pour mettre au monde une étoile dansante. » Mai 68 est associé à des phrases immortelles. De celles qui marquent à tout jamais, surgissant de loin en loin dans notre souvenir pour dire que la vie, toute changeante soit-elle, est d'abord éternelle et que les mots des poètes sont là pour pouvoir le rappeler. La phrase de Nietzsche, je l'ai recopiée et punaisée au-dessus de mon lit, à côté d'une photo de Daniel Cohn-Bendit tenant tête aux CRS venus occuper la Sorbonne, le 3 mai.

« Dany ». C'était lui, l'étoile dansante. J'étais un peu amoureuse de lui, je l'étais à ma manière naïve de fille de seize ans, mais je crois que tout le monde l'était. Comme on l'est de *qui* et de *ce qui* nous fait vibrer. Il avait beau être tout sauf un gourou, tout sauf un chef, son charisme et son intelligence faisaient leur effet sur tous ceux, femmes et hommes, qui le voyaient et le rencontraient. Il m'a fait rêver, comme il en a fait rêver des milliers.

Le chaos de Nietzsche, j'avais l'impression de le couver en moi depuis toujours. Mais il m'aura fallu lire cette phrase et vivre le chaos *de l'extérieur* pour savoir qu'il portait en germe une « étoile dansante ». Cette découverte a été une ivresse. J'ai aimé la phrase parce que tout à coup je m'y suis retrouvée. Dans la rue, dans les manifs, nous dansions avec les étoiles que nous portions en nous. Je ne sais pas si tous les étudiants, si tous les lycéens, plus tard si tous les travailleurs qui défilèrent dans les rues et affrontèrent le pouvoir avaient lu Nietzsche. Ce dont je suis sûre, c'est que tous ont éprouvé l'ivresse du chaos qui met au monde une étoile dansante.

Le lundi 6, il y a eu de nouveau une manifestation monstre pour protester contre la convocation de Dany et de six autres étudiants devant le conseil de discipline. Mina y est allée avec Avram, et ce soir-là, après la manif, ils sont revenus à la maison avec Pierre, un ami prof d'histoire au lycée Voltaire, et d'autres gens que je ne connaissais pas. Avram et un collègue de la fac pensaient qu'il fallait s'attaquer au pouvoir universitaire, qui était le modèle du capitalisme. Pierre disait que les lycées devaient prendre leur place aux côtés des universités en lutte. Je n'étais pas sûre de comprendre, mais j'étais d'accord, surtout quand Pierre a annoncé que son lycée avait décidé de se mettre en grève dès le mercredi. Même si je me doutais que, pour le collège Sévigné, ce n'était pas gagné. J'ai pris une cigarette dans le paquet qu'il m'a tendu sans faire attention. C'était une Gauloise qui m'a fait tousser comme une folle. Mais Mina n'a rien osé me dire parce que j'avais l'air de discuter avec Pierre et Avram.

Je ne sais pas si la phrase « Il est interdit d'interdire » avait déjà fleuri sur les murs de mai. Mais l'ambiance, elle, était déjà là. Cette folle ambiance de mai. Ce vent de liberté où plein de choses qui n'étaient pas permises le devenaient tout à coup.

J'ai continué à fumer devant ma mère et je me sentais détendue et légère. Je crois même que j'ai bu un ou deux verres de vin blanc. J'étais ivre de bonheur d'être avec des adultes qui ne me bassinaient pas avec mon bac. Pour la première fois, on parlait ensemble d'un présent qui nous était commun et non d'un hypothétique avenir qui ne voulait rien dire pour moi.

À Sévigné, il y a eu une semaine très étrange. On apprenait que les lycées fermaient les uns après les autres dans toute la France par solidarité avec les étudiants et contre la répression policière. À la manif du lundi 6, même les habitants du quartier avaient été choqués par le déchaînement des flics. Mais le collège Sévigné ne fermait pas. Le samedi suivant, le 11, il devait y avoir composition de grec et Cramez était passée dans toutes les salles de première et de terminale pour dire que la révolution n'aurait pas lieu au lycée tant qu'elle en serait la directrice. Dans le fond de la classe, Nora a dit : « Va crever », tout bas mais on l'a bien entendue, et elle a été renvoyée pour la semaine, ce qui l'arrangeait.

Le lycée était encore ouvert, mais ce n'était pas franc. On venait le matin, un peu à n'importe quelle heure parce qu'il y avait des problèmes de transport et des embouteillages invraisemblabless. On passait notre temps dans la cour à discuter avec les profs, enfin pas tous. Certains nous attendaient dans nos classes et on arrivait en retard en cours ou pas du tout. Mais personne ne nous collait. Très vite les profs qui étaient dans les classes se sont retrouvés tout seuls et ne sont plus venus du tout. Les autres, la prof d'histoire ou M. Chevrier, qu'on avait eu en français en première, et que j'adorais, venaient parler avec nous dans la cour. Tout à coup, on s'est mis à discuter avec notre prof de philo, Mme Joshua, et c'était comme si on commençait vraiment à faire de la philo. On parlait de tout avec elle, c'était fabuleux. Du Vietnam, de l'injustice, de la guerre, de la mort, de l'amour, du bien, du mal, du pouvoir, de la normalité, des parents, de la folie. L'une d'entre nous a demandé si on pouvait aussi parler de politique et Mme Joshua a dit que c'était précisément ce que nous faisions. Elle a ajouté que, depuis quelques jours, nous mettions en pratique la forme la plus haute de la vie politique : la démocratie. On était scotchées. On posait toutes les questions qui nous passaient par la tête, personne n'avait peur d'être ridicule. Et au lieu de répondre directement à nos questions, Mme Joshua nous en posait d'autres. À un moment elle nous a dit : « Vous voyez, les dialogues de Platon, ça se passait comme ça. Ça servait à avancer. C'est exactement ce que nous faisons, non ? » Il avait fallu ces quelques jours de mai 68 pour qu'on comprenne à quoi servaient les fameux dialogues qui nous avaient barbées pendant toute une année.

. 6

La « nuit des barricades ». C'est comme ça que les journaux ont appelé la nuit du 10 au 11 mai. Il y avait déjà eu des barricades lors des manifestations précédentes, mais rien de comparable avec ce qui s'est passé la nuit 10 mai 68.

Ce jour-là, quand j'étais sortie du lycée à 17 heures, les abords du boulevard Saint-Michel étaient totalement bouclés par la police et j'avais été obligée de faire un énorme détour pour rentrer chez moi. En arrivant rue Malebranche, je ne savais pas encore que trente mille manifestants, étudiants et lycéens, partis de Denfert-Rochereau, marchaient sur le Quartier latin, réclamant la libération de tous les camarades arrêtés et la réouverture de la Sorbonne.

À la tombée de la nuit, la première barricade a été construite rue Le Goff, juste en bas de chez nous. Le téléphone sonnait sans cesse, on se précipitait tous pour répondre. C'étaient les cousins ou les amis qui criaient, un peu hystériques : « Il paraît que ça chauffe dans votre rue ? Ça va ? Vous allez bien ? » Ma mère était très nerveuse et elle a fini par raccrocher au nez de la sienne qui n'arrêtait pas d'appeler pour nous informer de la progression de la barricade. Comme on ne pouvait pas ouvrir les fenêtres, on s'est tenus au courant par INF1. C'était un numéro que l'on composait sur le cadran du téléphone et une voix mécanique donnait les dernières informations. Vers 22 heures on a senti l'odeur du feu dans l'appartement parce qu'on habitait au deuxième. Des pneus avaient été arrosés d'essence et brûlaient sous nos fenêtres, à quinze mètres d'un barrage de CRS. Ces derniers avaient reçu l'ordre de ne pas « céder aux provocations » et restaient stoïques sous leurs armures. Vers 23 heures, sur INF1, on a entendu que les CRS se préparaient à intervenir en se mettant en formation genre « tortue romaine », avec leurs boucliers noirs. Ça me rappelait la sixième, cours d'histoire deuxième trimestre, « Rome et l'Empire. » Le programme d'histoire, ça paraissait loin ! Les infos d'INF1 aussi paraissaient loin, alors que tout se passait à deux pas de chez nous. J'avais un sentiment très bizarre : j'étais au cœur des « événements » sans en faire vraiment partie.

Cette sensation, je l'avais déjà éprouvée, l'impression d'être extérieure à la situation que je vivais. Habiter le Quartier latin en mai 68 était brusquement devenu quelque chose d'important puisque tout le monde en parlait. Moi, c'était seulement ma vie de tous les jours. À un moment, cela m'avait rendue fière, mais je sentais bien que ça ne suffisait pas. Cette fierté-là était un sentiment d'enfant, totalement irréel puisque j'étais confinée dans l'appartement et trop jeune pour être dans la rue. Il n'empêche, cela avait été une impression étrangement enivrante de savoir qu'on était là, au beau milieu de tout ce dont tous les journaux parlaient. Comme lorsque j'avais découvert en troisième que j'habitais à côté du « Boul'Mich' », où les copines rêvaient de venir faire du shopping avec leurs mères. Je savais à peine ce que c'était que le shopping, ma mère n'était pas du genre à me proposer cette activité et je savais encore moins que j'habitais à côté de ce temple du shopping qu'était le « Boul'Mich' ».

Une fumée âcre a envahi l'appartement et on a commencé à tousser. Mina a tenté sans succès de boucher les accès en attachant les rideaux avec des pinces à linge. La fumée passait par en dessous, stagnait à la hauteur du plancher avant de s'élever en nappes épaisses jusqu'au plafond. Ça devenait irrespirable. De la rue montait un vacarme infernal, des explosions et des bruits sourds qu'on n'arrivait pas à identifier. À un moment, il y a eu une énorme déflagration et ma mère s'est jetée sur le téléphone, qui était posé sur le radiateur de l'entrée. INF1 n'a rien dit de nouveau, mais on a compris qu'une voiture venait d'exploser juste au pied de l'immeuble.

Le tumulte est monté de la rue comme une vague mugissante, suivi immédiatement de piétinements précipités, de coups martelés et des cris des étudiants : « CRS SS ! » J'entendais distinctement les slogans et, comme la semaine dernière, malgré ma peur, j'ai été aspirée. Je ne voulais pas être dans cet appartement. Je voulais « en être ». Être de ce qui était en train de se passer et que personne ne comprenait encore vraiment. Cela me démangeait de regarder par la fenêtre, mais ma mère était sur le qui-vive. Elle est arrivée de la cuisine avec la soupière, devant mon potage je me sentais inutile et nulle. De dehors venait ce parfum surexcitant d'adrénaline et de feu. Chez nous ça sentait la soupe aux poireaux.

Mina s'est mise à faire la navette entre la cuisine et le téléphone. Comme il était vieux, elle forçait sur le cadran qui produisait un grincement crispant.

Les cris et les explosions se succédaient sans arrêt et j'ai fait mine de me lever de table pour aller à la fenêtre. Elle m'a fermement appuyé sur l'épaule pour que je me rassoie. La tension montait aussi entre nous. Elle a finalement téléphoné à sa mère, qui avait plus d'informations qu'INF1. J'en avais pour un petit moment et j'ai pu ouvrir le rideau en douce. Côté rue Soufflot, les étudiants avaient renversé plusieurs voitures et ils étaient en train d'enlever tous les pavés avec de grosses barres de fer. Ils faisaient la chaîne pour se les passer jusqu'à la barricade. Pour la consolider, ils ajoutaient des grilles d'arbres et des poubelles en métal. Une 404 avait été retournée et flambait à l'envers, les roues offertes à la nuit. J'ai imaginé un instant que c'était celle de Bezons, qui nous engueulait toujours dans l'escalier parce qu'on faisait trop de bruit. De l'autre côté, vers la rue Gay-Lussac, les CRS casqués attendaient sans bouger sous leurs cirés noirs, ils devaient avoir très chaud parce que les manifestants avaient mis le feu à des montagnes de pneus juste à côté d'eux. Les étudiants, eux, étaient en jeans et chemises, on avait l'impression qu'ils dansaient devant les flammes. Le contraste était saisissant.

Je ne tenais plus en place. J'aurais tellement voulu faire la chaîne des pavés avec les étudiants ! Sauf que je ne connaissais personne, que j'avais seize ans et que j'étais en terminale. Ça me faisait enrager. En attendant, les « enragés », c'étaient eux, avec leur chef que les journaux surnommaient « Dany le Rouge », le rouquin doté d'un sourire à tomber. Comme j'étais amoureuse de lui, je rêvais de situations où je le rencontrerais. Il flasherait sur moi, je deviendrais sa petite amie. Il pourrait compter sur moi dans les coups durs et je serais derrière lui quand il haranguerait les foules, discrète mais présente. Et ma mère a crié que je sorte de ce rideau et que j'aille me coucher parce que j'avais composition de grec le lendemain à 8 heures. J'ai dit que je voulais descendre aider les étudiants avec les pavés, pour voir sa réaction. Elle n'a même pas pris la peine de me répondre.

À 23 heures, Granny a téléphoné pour dire que les CRS allaient charger la barricade en dessous de chez nous. C'est moi qui ai répondu. J'ai voulu courir au rideau pour voir, mais à ce moment-là il y a eu une nouvelle explosion et une de nos vitres s'est brisée. Paniquée, j'ai lâché le téléphone, qui est resté à pendouiller contre le radiateur tandis que ma grand-mère, à l'autre bout, disait : « Allô, allô, tu es là ? » Je ne sais pas combien de temps elle est restée comme ça à pendre au bout du fil, parce que, immédiatement après, ça a été l'enfer. Ça pétait de partout. J'ai pensé un instant que Dany était peut-être là, dans ma rue. En même temps, j'avais une peur folle.

Je me suis terrée dans la penderie de ma mère. Accroupie parmi les robes et les manteaux, j'entendais moins la pétarade et je me suis dit que je rencontrerais Dany plus tard. Je le croiserais dans la rue de la Sorbonne, devant la maternelle où j'allais quand j'étais petite. Il m'offrirait une clope, une Gauloise, que je sortirais avec les dents. Il m'offrirait du feu avec son Zippo et il me demanderait si je voulais bien faire la révolution avec lui. Et moi je dirais « oui » uniquement avec les yeux. Et là je me suis souvenue d'avoir lu une interview de lui : il ne fumait pas.

À cause des gaz, on pleurait tous comme des veaux. On n'arrêtait pas de se frotter les yeux, mais plus on frottait, plus ça piquait, et plus on pleurait. Maman faisait des compresses d'Optrex, ça soulageait un peu. Il y avait des gaz lacrymogènes jusque dans ma chambre, qui était pourtant tout au fond de l'appartement.

Finalement, on s'est retrouvés dans l'escalier, avec les autres gens de l'immeuble qui avaient tous des serviettes ou des torchons mouillés sur la figure. Chacun donnait des conseils différents, certains disaient : « Surtout, ne mettez pas d'eau ! », d'autres disaient le contraire, maman proposait sa bouteille d'Optrex et le gosse du cinquième hurlait continuellement. Sa mère, à moitié hystérique, s'est mise à crier : « Appelez la police ! » et le type du premier lui a dit de se taire parce que la police, elle était en bas en train de se faire balancer des pavés sur la tête. Finalement, les Violet, ceux du sixième, ont proposé à tout le monde de venir s'entasser chez eux parce que c'était plus haut et que les chambres donnaient de l'autre côté sur une cour. On s'est retrouvés à trente dans l'appartement des Violet. Tous les mômes ont été mis dans une chambre et les plus grands dans une autre, moi aussi à cause de Mina qui n'a rien trouvé de mieux que de dire à tout le monde que j'avais compo de grec le lendemain matin et le bac dans un mois. Je me suis retrouvée avec le gros débile du quatrième, Charles-Benoît, quatorze ans, des boutons plein la figure et persuadé qu'il m'intéressait parce qu'il était en seconde à Henri IV. Un vrai tocard. Ça m'a beaucoup énervée, d'être coincée dans une chambre avec lui et d'autres gamins de douze, treize ans, alors que j'aurais voulu être côté rue, à tousser et pleurer avec les adultes. À 1 h 30, maman est allée en reconnaissance dans notre appartement pour voir s'il y avait toujours de la fumée, et comme ça allait, elle est remontée nous chercher, mon frère et moi.

Le lendemain, à 7 h 20, la rue était une scène de guerre. J'avais vu un film sur la libération de Paris en août 44, c'était pareil. La rue Gay-Lussac était entièrement dépavée. À la place des pavés, il y avait du sable. Des dizaines de voitures étaient couchées en travers de la rue. Toutes les grilles des arbres avaient été arrachées.

Ce qui frappait aussi, c'étaient les gens : hagards, immobiles et silencieux comme des fantômes. À regarder sans y croire ce qu'ils avaient pourtant sous les yeux : ces monceaux de voitures calcinées encore fumantes, ces panneaux de signalisation enchevêtrés, ces trottoirs jonchés de bris de verre. Et ce sable partout. Ce sable. J'ai compris en un instant le slogan bombé depuis quelques jours sur un mur : « Sous les pavés, la plage ». Au-dessus de la plaque « Rue Gay Lussac », il y avait écrit « Rue du 11 mai 1968 ».

Il fallait enjamber des montagnes de pavés, contourner des barricades à moitié détruites, éviter les fondrières. C'était vraiment bizarre, ce matin-là, d'aller en composition de grec. À

Saint-Jacques-du-Haut-Pas, j'ai retrouvé Françoise. Comme souvent, on avait rendez-vous pour finir le trajet ensemble. Elle avait passé une nuit blanche. Son père avait vu depuis leur balcon les «raton-nades» des CRS contre les étudiants et, bien que politiquement opposé au mouvement, il avait exigé que les copropriétaires accueillent ceux qui étaient en danger. Il y avait eu tellement de blessés pendant la nuit que leur immeuble de la rue Claude-Bernard avait été transformé en «hôpital de campagne». Françoise et sa mère avaient passé une partie de la nuit à apporter de l'eau, des serviettes et des pansements aux blessés couchés dans la cour. J'étais un peu jalouse, mais surtout étonnée de ce que Françoise me racontait parce que je savais que ses parents votaient à droite. J'ai appris plus tard que beaucoup de gens hostiles aux étudiants dans les débuts avaient changé d'avis au cours de cette première «nuit des barricades», à cause du déchaînement insensé des CRS.

En arrivant au lycée, on a trouvé la porte ouverte, mais dessus il y avait un écriteau disant que le lycée était provisoirement fermé «au vu des événements de la nuit». À l'intérieur, Mlle Cramez discutait avec Mlle Gendrot, la surveillante générale. Elles avaient l'air embêté et de ne pas très bien savoir ce qu'il fallait faire. Cramez disait qu'il fallait maintenir les cours des terminales en filtrant les élèves pour bloquer les éléments perturbateurs, tout en laissant la porte fermée. Gendrot craignait la contamination des comités d'action du lycée Lavoisier voisin, des garçons violents et chevelus qui risquaient de venir mettre de la politique dans notre lycée de filles. Finalement, Toulze, le prof de grec, est arrivé avec sa sacoche et il a annoncé qu'en raison de « l'inconcevable violence policière de la nuit contre les jeunes » il avait décidé d'annuler la composition de grec. Mlle Cramez n'a rien dit. D'un coup elle a paru toute petite.

Tout le dimanche, les gens se sont téléphoné. Les familles de province appelaient ceux de Paris pour savoir s'ils étaient encore vivants, il y avait eu plus de quatre cents blessés. Les journaux parlaient de la « nuit des barricades ». Moi je connaissais *La Nuit des morts-vivants*, c'était un film, mais pour ceux qui étaient loin, cela faisait un peu le même effet. Les Bezons, du premier, sont montés six fois chez nous pour appeler leurs parents de Rennes et de Limoges parce qu'ils n'avaient pas le téléphone. Le soir, les lignes ont été tellement encombrées qu'il y a eu une grosse panne et c'est nous qui avons dû aller chez les Bezons pour écouter les nouvelles sur leur transistor.

La province ralliait le mouvement. Strasbourg, Bordeaux, Lyon, Grenoble, Nantes, Marseille : les étudiants s'étaient mis en grève et occupaient leurs facultés. Sur Radio Luxembourg, les flashs interrompaient le speaker pour annoncer d'autres occupations : Limoges, Toulouse, Lille, mais aussi les premières occupations d'usines. C'était grisant. On avait l'impression d'être balayés par une lame de fond. Les syndicats ouvriers ralliaient la contestation étudiante. Une manifestation unitaire était prévue dès le lundi.

Cette nouvelle était décisive, je le savais. Pour que le mouvement prenne, il fallait que les travailleurs le rejoignent. Les étudiants dénonçaient tous les systèmes hiérarchiques qui donnaient du pouvoir à un homme sur d'autres. Au patron sur les ouvriers, au professeur sur les élèves, au chef de bureau sur les employés, au père sur la mère, au médecin sur le malade. Le mouvement de mai était le fer de lance d'une contestation qui devait s'étendre à toute la société. Avec la grève générale et la manifestation qui s'annonçaient pour le lundi 13 mai, le premier pas était fait.

Bezons avait l'air catastrophé et on a arrêté de faire des commentaires qui risquaient de mal finir. Comme Mina avait peine à dissimuler son enthousiasme, nous sommes remontées chez nous, il était inutile de créer des tensions. Quand je lui ai demandé ce que c'était exactement qu'un syndicat elle a fait ses sourcils en chapeau chinois : « Tu es à ce point ignare ? » Je n'ai pas voulu lui avouer que je ne savais pas non plus ce que voulait dire « ignare ».

Ce dimanche soir, la rue Malebranche a pris des airs de métro à la sortie des bureaux. Bondée, à croire que tous les amis s'étaient donné le mot. Je passais d'un groupe à l'autre, la grande question tournait autour de la suite à donner au mouvement. Fallait-il qu'il se « structure », comme disaient certains, ou bien sa force était-elle justement dans sa spontanéité et son absence d'organisation ? Personne n'était d'accord. J'écoutais passionnément, beaucoup de choses m'échappaient. Je mesurais à chaque conversation l'étendue de mon ignorance et, ce soir-là, j'ai décidé de me mettre au niveau. Je me suis renseignée discrètement pour savoir ce qu'il fallait absolument avoir lu. Avram, ça l'a fait beaucoup rire et il l'a répété à Pierre qui l'a répété à un grand Arménien à la barbe carrée qui s'appelait Bagrat et que les gens avaient tous l'air de trouver formidable. J'étais vexée comme un pou, surtout quand l'Arménien est venu vers moi et m'a dit d'une voix forte : « Mais ma chère, il faut lire *Le Capital* de Karl Marx, si tu n'as pas lu *Le Capital*, tu ne seras qu'une révolutionnaire en pantoufles ! » Tout le monde s'est marré, j'ai compris pourquoi un peu plus tard, quand j'ai demandé à ma mère si elle pouvait me trouver *Le Capital* pour le lire « vite fait ».

En cours d'histoire on avait étudié la dictature du prolétariat, je n'y comprenais rien, mais comme mes parents avaient voté Mitterrand contre de Gaulle en 1965 et que j'étais la seule dans ce cas en classe, je n'osais pas trop la ramener avec des questions. Ma mère m'avait dit à ce moment-là que Marx était intéressant mais ennuyeux. Elle avait été obligée de le lire un peu à l'époque où elle vendait *L'Huma dimanche* et que je le vendais plus ou moins avec elle parce que j'étais encore en poussette.

La soirée s'est prolongée très tard, les gens fumaient énormément, entre deux clopes ils se mettaient d'accord pour savoir avec qui ils défileraient le lundi, comment on s'organisait, où on se retrouvait, quelle pancarte on allait préparer, quel slogan on allait crier. La terrible nuit des barricades de l'avant-veille avait créé une unité inattendue, entre des gens qui n'étaient pas forcément d'accord, contre cette violence d'État aveugle qui avait fait des centaines de blessés en une nuit et arrêté près de cinq cents jeunes.

La spontanéité et la force de la révolte avaient pris tout le monde de court. Son irruption n'était pas le résultat d'une longue attente consciente, ou d'un étouffement à bas bruit que chacun aurait vécu dans l'espérance du Grand Soir. Elle avait surpris non seulement ceux qui y étaient extérieurs – les journalistes, les « adultes », les gens de droite –, mais aussi les « enragés » eux-mêmes. De cet étonnement collectif naissait la formidable énergie qui habitait les étudiants. Eux qui étaient dans la rue à desceller les pavés étaient ivres de leur audace, eux qui criaient des slogans étaient émerveillés de leur poésie, eux qui inventaient des affiches et écrivaient leurs pensées sur les murs de la ville étaient gagnés par l'humour et par l'insolence, eux qui passaient des nuits en interminables palabres dans les amphithéâtres bondés étaient stupéfaits de voir jusqu'où le dialogue pouvait mener.

Le vent de liberté qui soufflait apportait un parfum de nouveauté, il l'apportait d'un pays lointain. Et chacun avait l'impression que, ce pays-là, il le portait en lui depuis toujours.

. 7

13 mai. Ce lundi matin, j'étais allée au lycée en traînant les pieds. J'étais furieuse, tous les lycées étaient en grève sauf nous. Mais Mina avait permis que je n'y aille pas l'après-midi, on n'avait que sport, et après le déjeuner on est allées à la grande manif.

Ce n'était pas ma première manif, mais c'était la première avec autant de monde. Avram et Mina avaient rendez-vous avec des collègues devant la gare du Luxembourg et, en attendant, on regardait passer la foule. Quand je dis «passer», ce n'est pas exactement ça. La manif était tellement énorme qu'elle était arrêtée. Personne ne pouvait bouger. De la gare du Nord à Denfert-Rochereau, il y avait un million de personnes, a-t-on appris plus tard, serrées comme des sardines en boîte. Les amis d'Avram étaient en retard et on s'est retrouvés au milieu d'un océan de pancartes dans une langue inconnue de moi : CGT, UNEF, CFDT, PCF, UJCML, UJC, FO. Des sigles cabalistiques d'organismes, syndicats, partis, mouvements, associations, auxquels je ne comprenais rien. Quelque chose m'a frappée : il n'y avait presque que des hommes. Une mer de pantalons noirs et de bleus de travail, au-dessus, des visages sombres et graves, parfois haineux. Pas les mêmes visages que dans les manifs étudiantes, pas les visages rieurs qui me donnaient envie d'être des leurs, l'œil brillant, la mèche en bataille et le cheveu un peu long qui faisait sale, disait Cramez, et que nous on trouvait « sexy ». Non, des têtes épaisses comme de la pierre, des faces granuleuses, aux cheveux coupés ras. Et là, il s'est passé quelque chose que j'ose à peine rapporter. Il m'arrive parfois de dire des phrases que je regrette immédiatement. Tout à coup tout le monde me regarde, qu'est-ce que j'ai dit ? Trop tard, c'est parti. Dans ces moment-là, il faudrait pouvoir rembobiner.

C'est ma mère qui m'a tendu un mouchoir : « Tu pleures ? » Je ne m'en étais pas vraiment aperçue. Je me suis essuyé la joue, et là, je l'ai dite, cette chose stupide, ignoble et bête. J'ai murmuré : « Ils sont laids. » Et Avram est parti d'un énorme rire : « C'est ça qui la fait pleurer ! Ta fille trouve que les prolos sont laids ! » L'air horrifié de ma mère semblait l'amuser encore plus : « Mais elle a raison, tu ne vas pas lui transmettre ton angélisme de gauchiste ! Ils sont pas jojo, que veux-tu ! » Après, chaque fois qu'il me regardait, ça le mettait en joie, et moi, tout en le remerciant intérieurement d'avoir pris ma défense, ça m'énervait un peu, ce sourire qui semblait dire : « Qu'est-ce qu'elle va nous sortir, maintenant ? »

À Denfert, j'ai retrouvé Nico, qui était avec sa bande du lycée Condorcet. Le Lion de Belfort avait été peint en rouge vif. Des manifestants s'étaient hissés par grappes entières sur l'énorme lion, certains étaient assis sur sa tête, entre les oreilles. Nicolas portait sur ses épaules une fille d'un autre bahut qui avait une pancarte « Lycée Carnot, travailleurs, étudiants, lycéens, SOLIDARITÉ », ça me faisait rudement envie, ce n'était pas dans mon petit lycée de bourgeoises où les filles étaient parquées entre elles que ça aurait pu se passer. Je me suis glissée dans la manif et j'ai crié avec eux : « Ce n'est qu'un début, continuons le combat ! » De toutes mes forces.

Et puis, à un moment, on a chanté *L'Internationale*. Tout le monde la connaissait sauf moi. Je fredonnais l'air sans les paroles et je me suis sentie très cloche. Le soir, j'ai potassé et avant de me coucher j'avais appris le refrain et les deux premiers couplets. Il y avait encore du travail parce qu'il y a six couplets en tout. Le lendemain, quand je m'y suis remise, juste après le petit déjeuner, ma mère m'a demandé si je potassais mon bac. J'ai mis la main sur ma feuille, elle se serait fichue de moi, et elle a cru que j'écrivais une lettre d'amour.

Chanter dans une manif, j'ai adoré, j'adore toujours. Ça fait comme quand on va pleurer, mais on n'est pas triste, au contraire c'est de la joie pure. Fondu dans la foule, on a l'impression d'être une toute petite chose dans une très grande, on se sent comme des espèces de dieux pleins d'amour, d'énergie et de liberté. C'est ça, la sensation, la liberté folle, on est tous ensemble et quand on chante « Il n'est pas de sauveurs suprêmes : Ni Dieu, ni César ni Tribun ! », ça fait des trémolos jusque dans la tête. J'avais fini par connaître les trois premiers couplets, mais finalement ce n'était pas la peine, on ne dépassait presque jamais le premier.

Connaître *L'Internationale* m'a quand même bien servi. Plus tard, non seulement en mai, mais dans toute la suite du mouvement, qui s'est prolongé bien au delà de mai 68. Il y a eu des dizaines de manifs qui se terminaient par *L'Internationale*. En général, cela se passait juste avant que les flics chargent et dispersent tout le monde. On se mettait tous à chanter en rangs serrés, comme si notre chant était plus fort que les CRS et allait faire barrage à toute la méchanceté et à l'injustice du monde.

Pendant longtemps, j'ai eu honte de ce que j'ai dit ce jour-là, surtout après ce que m'avait expliqué Avram le soir même. Faire la grève, pour les ouvriers, c'était un luxe. Ils venaient de loin, ils habitaient des banlieues défavorisées, ils faisaient les « trois huit » et mangeaient des patates à la fin du mois. Quand ils faisaient la grève, ils n'étaient pas payés. Avram avait conclu en disant que nous, on pouvait bien rêver au « Grand Soir », ça ne voudrait jamais dire la même chose que pour eux. Parce qu'on était des « bourgeois ». Sur le moment, je m'étais rebiffée, je croyais que les bourgeois, c'étaient les autres, ceux à cravate, à tapis et à voiture. Pas nous. Je n'avais pas vu les choses comme ça et j'ai mis un moment à l'admettre.

Le soir du 13 mai, la France entière se mettait en grève. Pas seulement les ouvriers des usines mais tous les travailleurs. Toutes les entreprises, tous les commerces, les transports, les services publics. Mina nous a annoncé ça triomphalement en raccrochant le téléphone. Comme souvent, Granny avait donné l'information. Ma mère votant à gauche depuis toujours, le mouvement de mai était pour elle le signe avant-coureur de la société plus juste à laquelle elle aspirait. Toute la France « débrayait », un drôle de mot qui servait d'habitude à la conduite des voitures. Elle venait d'apprendre aussi que les étudiants avaient réoccupé la Sorbonne et qu'il y avait des blessés. À la fin de la manif, il y avait eu « des heurts », comme disaient pudiquement les journaux. En fait, des gens salement amochés. Et à minuit, comme Avram était toujours avec nous, ils y sont allés tous les deux pour voir s'ils pouvaient aider.

Le lendemain, quand je me suis levée, ma mère et Avram commentaient les événements de la nuit devant leur café. Ils venaient seulement de rentrer de la Sorbonne. Les amphis étaient transformés en tribunes de discussions, les salles de cours occupées par des comités révolutionnaires et des groupes de travail. Avram jubilait :

– On vit un moment unique ! Ce n'est pas rien, la libération de la parole, c'est l'expression libre des désirs et des espérances, de tout ce qui a toujours été bridé par l'obligation d'être sérieux…

Ma mère le regardait parler, son œil brillait.

Comme elle n'avait pas dormi, elle avait un peu froid. Elle avait jeté un châle sur ses épaules et se tenait pelotonnée sur elle-même. Elle disait :

– Mais toi, Avram, tu l'es bien un peu, sérieux ? Tu es prof, quand même...

– Justement, disait Avram, pour moi, « être sérieux », c'est avoir une parole libre ! Ce qui m'intéresse, c'est de voir comment on peut être à la fois libre dans la parole et organisé dans la pratique... C'est l'enjeu de tous les grands changements.

Ma mère l'écoutait, serrant son bol entre ses deux mains comme pour les réchauffer. Avram disait encore qu'il allait sans doute y avoir un « gouvernement de salut public ». Comme en histoire quand j'étais en seconde. Elle l'écoutait et le regardait, moi j'entendais tout ça et une petite voix me disait qu'il y avait autre chose, mais je n'y faisais pas attention. Quand je suis revenue à la maison, à midi, Avram était en train de mettre la table et c'est juste à ce moment-là que j'ai entendu ce que disait la petite voix de ce matin : ma mère et Avram étaient amoureux. À un autre moment, cela m'aurait choquée. Mais c'était étrange, dans ces circonstances, tout m'apparaissait différemment. Comme si l'atmosphère de mai, cette atmosphère de liberté, gagnait toutes les sphères de la vie, y compris celles, compliquées, de ma vie intérieure. « Mina et Avram », tout à coup, ça coulait de source et c'était heureux. De toute façon, très égoïstement, tout ce que je voulais, c'était rencontrer Dany, qui était toujours accroché au-dessus de mon lit. Je ne m'y faisais pas, d'avoir mon âge.

Et puis Mina a dit qu'elle n'était pas allée au travail ce matin parce que son labo était en grève, elle a ajouté qu'elle était fatiguée, n'ayant pas dormi de la nuit, et qu'elle allait faire la sieste. En quittant la pièce elle a annoncé l'air de rien que ce soir on allait apporter de la nourriture aux étudiants de la Sorbonne et m'a demandé si je voulais l'aider. J'ai eu un grand coup de poignard dans le cœur. Aller à la Sorbonne, c'était mon rêve, et en même temps, j'ai eu une peur panique de tomber sur Dany. Toute la journée, j'ai eu le ventre serré.

L'après-midi, quand je suis repassée devant le lycée Lavoisier pour aller à Sévigné, il y avait un piquet de grève. À ceux qui n'étaient pas au courant, les types expliquaient qu'il ne fallait pas laisser les profs entrer. Ce n'était pas trop difficile parce qu'il y avait déjà le prof d'histoire de seconde et la prof de français de première qui s'étaient joints à eux et distribuaient des tracts. J'ai retrouvé trois copines du Collège et on s'est mises à discuter avec eux. Les garçons de Lavoisier nous disaient que, nous aussi, on devait se mettre en grève. Sinon, on serait des « jaunes », des briseuses de grève et des complices du grand capital. D'autres filles nous ont rejointes et vers 15 heures, devant Lavoisier, on était une dizaine des deux terminales de Sévigné avec les garçons qui nous encourageaient à prendre le train en marche. Et sans traîner ! On a rédigé notre manifeste tous ensemble, garçons et filles, assis sur les voitures et personne ne se draguait. Après, pleines de courage, on s'est pointées au lycée, avec notre papier. Mais sur la porte fermée, il y avait un écriteau disant qu'à la suite des récents événements, le lycée resterait fermé jusqu'à nouvel ordre. On avait été devancées. Un peu vexées, on a quand même ajouté notre papier, histoire de dire que c'était nous qui faisions la grève et non le lycée qui nous fermait ses portes !

Ce soir-là, Mina a préparé une bolognaise géante à emporter à la Sorbonne. Il y avait tellement de spaghettis que c'était impossible à tourner et qu'il n'y avait pas de récipient assez grand. Finalement on a tout mis dans la lessiveuse, et vers 21 heures, on a descendu la rue Victor-Cousin comme ça, chacune tenant une poignée, en allant vite pour ne pas que ça refroidisse. C'était très lourd, ça cognait contre les jambes, on avait de la sauce tomate sur les mollets. Devant la Sorbonne, quelqu'un avait noué un foulard rouge autour du cou de la statue de Victor Hugo.

Quand on est entrées, on ne savait pas où poser la lessiveuse, mais les étudiants ont poussé des cris de joie, ils en avaient marre de manger des sandwichs, et ils ont installé des tables dans le couloir. Dans la cour, il y avait un portrait géant de Mao et d'autres moins grands de Lénine, de Trotski et de Che Guevara. Il y avait aussi un très grand piano, en plein air, sur lequel un étudiant jouait la chanson de Polnareff qu'on se chantonnait entre nous en se cachant des adultes, *L'Amour avec toi*. On avait apporté des louches et un sac avec des piles d'assiettes en carton. Ça a été la ruée. J'étais terrorisée à l'idée de me retrouver peut-être nez à nez avec Dany. Il m'aurait tendu son assiette et je lui aurais flanqué une grosse louchée de spaghettis, l'air de rien, ensuite j'aurais dit « au suivant ! » et il m'aurait demandé si je revenais demain parce que les spaghettis étaient rudement bons. J'ai été déçue de ne pas le voir. Ma mère était très à l'aise et elle avait un succès fou, les gens l'appelaient Mina et certains, l'ayant vue la nuit précédente, la reconnaissaient. Moi, je me cachais un peu derrière elle, j'étais terriblement intimidée de me retrouver là.

En remontant à la maison avec notre récipient vide, on est repassées devant la statue de Victor Hugo et Mina m'a dit, l'air amusé : « Tu vois, aujourd'hui Victor Hugo copine avec Mao, Trotski voisine avec Lénine et Che Guevara est de la fête ! C'est ça qui est incroyable : autour d'un grand projet de changement, tout le monde se retrouve ! » Avec notre lessiveuse, on dansait sur le trottoir.

. 8

C'était le jour de mon anniversaire. Le 17 mai. En arrivant à la maison, le soir, Avram a sorti de sa sacoche un paquet qu'il m'a tendu :

– Cadeau !

Je ne m'attendais pas à recevoir un cadeau de lui. Surtout celui-là.

– Un transistor !

J'ai regardé Avram avec l'air d'une poule qui vient de trouver un couteau. Il a éclaté de rire.

– Je confirme ! Et, crois-moi, celui-là a intérêt à nous apporter de bonnes nouvelles ! J'ai fait dix magasins avant d'en trouver un… Paris est dévalisé !

C'était la première radio qui entrait dans l'appartement. Mina a souri, l'air faussement gêné.

– Oh, Avram, il ne fallait pas…

– Mais si, il fallait, justement ! Il serait peut-être temps que dans cette maison on cesse de dépendre des autres pour savoir ce qui se passe dans le monde, vous ne trouvez pas, les filles ?

Il nous appelait « les filles ». C'était gentil. On a ri, tous. Même mon frère. On a installé le transistor sur la cheminée de la salle à manger où il trônait comme un tableau de maître. Maman avait fait un gâteau au chocolat. Avram a levé son verre : « À Maud, qui a la chance d'entrer dans sa vie d'adulte sous le plus grisant des auspices : la liberté ! » Et il nous a rapporté qu'il avait vu cette inscription sur un mur du boulevard Saint-Germain : « Il est interdit d'interdire ». La phrase était magnifique. Je l'ai recopiée sur une feuille et punaisée sur la porte de ma chambre pour en interdire l'accès à mon frère. Il a hurlé : « T'as même pas compris ce qui est écrit ? » et, comme il avait raison, on s'est engueulés et il donné un coup de pied dans ma porte, qui s'est fendue en deux.

En mai, les murs se sont mis à parler. Des dizaines d'inscriptions ont crevé leur silence. Comme s'ils n'attendaient que ça, les murs. Se rendre utiles. Ils parlaient à la place des milliers de jeunes à qui on interdisait d'ouvrir la bouche depuis si longtemps. À table, à l'école, devant les profs, devant les personnes âgées. Avant mai, il y avait des tas de choses interdites. Comme s'embrasser en public, faire l'amour sans être marié, rire trop fort, contredire les adultes, les tutoyer, leur répondre, porter des pantalons en été pour les filles et les cheveux longs pour les garçons, parler trop fort, voter avant vingt et un ans. Ce que disaient les murs, on le comprenait directement. C'était magistral, bref. Pas besoin de traduction. « L'imagination au pouvoir », « Je ne veux pas perdre ma vie à la gagner », « Sous les pavés, la plage », « Soyons réalistes, demandons l'impossible », « Cours, camarade, le vieux monde est derrière toi ». Cette phrase-là, elle me parlait, à moi, personnellement, j'avais l'impression qu'elle m'était adressée. Je captais l'image. Je ne savais pas ce qu'était le « vieux monde », mais je savais qu'il fallait que je coure plus vite que lui. Il fallait courir, c'était sûr. Et vite.

Et puis il y a eu les affiches des Beaux-Arts. Elles ont fleuri dès les premiers jours de mai. Les étudiants artistes avaient organisé un atelier et les affiches sont arrivées sur les murs de Paris comme les mouches au printemps. Rue Bonaparte, à l'École des beaux-arts, c'était la fête permanente. Et le jour où Anne-Marie nous a proposé de venir la voir dans l'atelier « sauvage » où ils créaient leurs affiches, on était surexcités, surtout Nico, qui était toujours amoureux d'elle, même si elle avait un nouveau fiancé, je le savais par Jibé qui me téléphonait parfois. Un type du 22 mars qu'elle avait rencontré à la Sorbonne.

J'ai tout de suite pensé que le type connaissait peut-être Dany, ça aurait été un piston. Mais, presque en même temps, je me suis souvenue que j'étais jeune et inintéressante et ça m'a fait un peu souffrir.

Les Beaux-Arts étaient juste à côté de là où habitaient les parents de Nicolas. C'était drôle, on sortait de chez mon oncle, qui était médecin… au 12, avec sa salle d'attente, sa secrétaire en tailleur gris perchée sur ses talons aiguilles qui s'appelait Janine et qu'on vouvoyait, et au 14 on tombait dans le chaudron de sorcières des Beaux-Arts où tout le monde se tutoyait, vivait ensemble jour et nuit, dormait par terre dans la même pièce sur de vieux matelas, se faisait la tambouille et inventait des affiches d'une poésie folle avant d'aller en commando les coller sur les murs de Paris.

À l'entrée de l'École, il y avait un grand panneau « ATELIER POPULAIRE, ANCIENNE ÉCOLE DES BEAUX-ARTS ». Dans la cour, des dizaines d'affiches séchaient sur des cordes, suspendues par des pinces à linge comme des draps au soleil. En penchant la tête, on pouvait lire « La beauté est dans la rue » ou « Ne vous emmerdez plus, emmerdez les autres ».

Dans l'atelier d'Anne-Marie, des dizaines d'essais étaient punaisés sur les murs. Il y en avait jusqu'au plafond. Perchés sur de grandes échelles comme des notes de musique sur une portée, des étudiants étaient occupés à mettre la dernière main à leurs créations du jour. En bas, chacun donnait son avis : « Et celle-là, t'en penses quoi ? – Pas mal, le grand Charles, il faudrait que tu lui fasses un plus grand nez », ce genre de choses. Anne-Marie nous a demandé ce qu'on pensait d'une affiche avec une fille très belle en train de jeter un pavé. En dessous était écrit : « La beauté est dans la rue ». Nico a voulu savoir si la fille, c'était elle. Elle a souri en secouant la tête : « Mais non, idiot ! » Si tout le monde était d'accord, l'affiche était envoyée à la rotative, qui en imprimait des centaines. Dans plusieurs salles, il y avait aussi des fils tendus en tous sens, comme dans la cour, pour faire sécher l'encre rouge, bleue ou noire des affiches du jour.

En mai 68, on ne pouvait pas se promener dans Paris sans être pris dans un brouhaha d'inscriptions et d'affiches. Les affiches participaient à la révolution des mots et des idées. Elles faisaient que les gens se parlaient, que tout le monde discutait. Elles étaient humoristiques, provocantes, drôles. Personne n'aurait pu dire si c'était de l'art ou de la politique parce que c'était les deux. C'était comme si elles donnaient aux jeunes le droit de faire de la politique à leur manière. Tout au long des journées de mai et, plus tard, en juin, dès qu'il se passait quelque chose, il y avait une affiche ou une inscription. Elles réagissaient à chaud, elles répondaient aux occupations d'usines, aux manifs, aux AG (assemblées générales), aux déclarations du gouvernement. Elles étaient gaies, elles jouaient avec les mots. Il y en avait une rue Monsieur-le-Prince qui disait « Les murs ont des oreilles, mais vos oreilles ont des murs ». J'en connaissais beaucoup, moi, des oreilles qui avaient des murs. On en connaissait tous. Un peu plus tard, quand de Gaulle a fait son premier discours, il y a eu direct une affiche qui le représentait fermant la bouche à un étudiant et disant : « Sois jeune et tais-toi. » C'est là que j'ai compris que de Gaulle faisait une politique de vieux, il nous proposait une vie de vieux. Une vie comme si elle était déjà passée. Alors que la vie, en principe, elle était devant nous.

Je me souviens plus précisément de l'une d'elles : sur une façade de l'église Saint-Sulpice, il y avait écrit : « Même si Dieu existait, il faudrait le supprimer ». Cette inscription m'avait bizarrement rassurée, après toutes ces années passées à me sentir coupable de n'être pas baptisée. Quand j'avais dix ans, une « amie » m'avait affirmé que sans le baptême, « aux yeux de Dieu, je n'étais qu'une bête ». Je l'avais crue, j'avais eu beaucoup de peine à me défaire de cette idée.

Un jour, Nico m'a proposé de venir avec lui à l'AG des CAL de Condorcet. C'étaient les comités d'action lycéens, j'en avais un peu entendu parler mais sans plus. En décembre 67, huit lycées parisiens s'étaient mis en grève pour protester contre un projet de sélection des étudiants. Les CAL étaient nés de ce mouvement spontané, avaient enchaîné avec les mouvements de protestation contre la guerre du Vietnam et, depuis, les lycées bouillonnaient, à Paris comme en province. Venant d'un lycée privé où, côté engagement collectif, c'était l'encéphalogramme plat, je me sentais un peu à part. Clairement, les lycéens de mon âge avaient un train d'avance. J'avais hésité avant d'accompagner Nico.

La cour de Condorcet était bondée. Des groupes de garçons et de filles discutaient, draguaient ou fumaient. On ne trouvait déjà plus de cigarettes blondes à cause de la grève et les garçons fumaient des P4, de grosses cigarettes brunes bon marché qui faisaient tousser les filles.

Il y avait des classes transformées en AG, avec les élèves sur l'estrade. Certains étaient assis sur le bureau, d'autres au bord de l'estrade, d'autres fumaient appuyés contre les tables, d'autres encore parlaient ou jouaient aux cartes. Quand on n'arrivait plus à s'entendre, ceux qui étaient sur le bureau disaient : « Est-ce que les camarades joueurs de cartes pourraient finir leur jeu dehors ? On ne s'entend plus. Merci ! »

L'AG principale se tenait dans le gymnase. Ceux qui étaient arrivés à temps étaient assis par terre, les autres étaient debout contre les murs. Avec Nico, on avait de bonnes places devant, mais j'avais peur qu'on ne se fasse remarquer si on voulait partir. Un grand type brun à l'air plus vieux que les autres parlait dans un micro qui faisait beaucoup de crachotis. Il a parlé assez longtemps et tous ont applaudi. Après, un autre type est venu, avec des lunettes, et il a dit exactement la même chose que le grand type brun en moins bien. Il a répété qu'il était d'accord avec ce que venait de dire le brun et les gens ont crié : « Au suivant ! » Là est arrivé un grand blond qui a dit que son père était imprimeur et qu'il pouvait imprimer autant de tracts qu'on voulait et tout le monde a crié : « Ouiii ! ! » Le type blond a attendu que les gens aient fini de crier, il a dit qu'une commission tracts allait se tenir après l'AG en salle 6 et a demandé qui voulait en faire partie. Là, tout le monde a levé la main et le blond a dit que si on voulait faire du bon boulot, il ne fallait pas être plus de cinq ou six. Il n'a pas du tout parlé de ce qu'il y aurait sur le tract, mais c'est ce jour-là que j'ai appris le mot « tract », c'était toujours ça.

Il y avait une ambiance de fous. À un moment le brun a repris le micro pour dire qu'il fallait mettre quelque chose au vote et tout le monde a levé la main, moi aussi, même si je n'avais pas compris pour quoi je votais. Le grand brun était beau garçon et il parlait bien. Ce qui était grisant, c'est qu'on était tous d'accord, on y allait tous ensemble. Vers la liberté et la justice, vers les droits de l'homme, et de la femme aussi, je crois, parce qu'à un moment une fille est montée sur l'estrade, l'air très énervé, et elle a crié qu'il y en avait marre de cette société de phallocrates, et là j'ai regardé Nico d'un air interrogatif avant qu'il me souffle : « Tu sais pas ce que c'est qu'un phallus ? Je le crois pas ! » J'ai haussé les épaules, je n'étais pas sûre. La fille a continué en disant que depuis le début de cette AG il n'y avait que des mecs qui prenaient la parole et qu'elle et ses copines n'avaient pas l'intention de laisser « les phallocrates de Condorcet, suivez mon regard » prendre le pouvoir. J'ai essayé de suivre son regard, mais je n'ai rien vu.

Après, la fille est descendue et d'autres filles l'ont prise dans leurs bras comme si elle était une rescapée et qu'elle venait de manquer se noyer. Et puis un petit type est monté sur une table pour dire en gesticulant que le grand type brun était un imposteur et un démagogue qui nous enfumait, qu'on était tous des petits-bourgeois et qu'on ferait mieux d'aller en usine pour voir la vraie vie. Pendant ce temps-là, le brun que je n'arrêtais pas de regarder était debout dans un coin, les bras croisés, et il faisait « non, non » de la tête, l'air de dire : « T'es gentil, mon petit gars, mais t'as rien compris. » Mais ça n'a pas duré longtemps. Tout le monde s'est mis a siffler, à taper des pieds et à crier : « À Moscou, les cocos ! » et le petit type est descendu de la table et le grand blond y est remonté. Il a pris le micro et a fait un signe de la main : « Camarades, du calme ! Ne vous laissez pas avoir par les provocateurs ! » Le petit gars se faisait sortir de la salle par deux costauds. Il vociférait : « Le gauchisme ne passera pas ! Vive la lutte des classes ! » Quelqu'un a dit que les « JC essayaient de noyauter le mouvement ». J'ai encore regardé Nico, qui m'a traduit : « les Jeunesses communistes ». Le grand blond a repris : « Ce que nous votons aujourd'hui, ce n'est pas encore le Grand Soir... » Là des gens ont voulu chanter *L'Internationale*, mais le blond a fait signe de se taire. Il a continué : « Ce que nous votons, c'est la reconduction du mouvement des CAL pour demain ! » Après il a demandé qui se portait volontaire pour avoir des infos sur la situation dans les autres lycées et un groupe s'est constitué pour faire le lien avec le mouvement étudiant de la Sorbonne. Avec Nico, on est partis assez vite parce qu'il ne voulait pas être désigné volontaire. On est rentrés à pied rue Malebranche, il n'y avait pas d'autre moyen. Il m'a dit que le grand brun s'appelait Bertrand et qu'il était en hypokhâgne.

En mai, les communistes avaient mauvaise presse, certains disaient même qu'ils « viraient facho ». Au début j'avais eu du mal à comprendre. Ma mère avait été communiste quand elle était jeune, elle avait quitté « le Parti » en 1956, au moment de l'invasion de la Hongrie par l'URSS. J'avais étudié la révolution russe, été du côté des bolcheviques, et contre les Russes blancs et les tsaristes. Mais mes connaissances s'arrêtaient là et j'avais une notion un peu manichéenne de la politique : en gros, à gauche, c'était bien ; à droite, c'était mal. N'ayant jamais creusé les raisons de l'abandon du communisme par ma mère, j'avais été surprise de la violence des attaques des communistes contre les gauchistes. Ce que j'ai compris un peu plus tard, c'est que, pour le parti qui se disait celui de la révolution, c'était insupportable de se voir détrôné par une bande d'étudiants inorganisés qui ne revendiquaient même pas le pouvoir.

Dans ma classe, il y avait des filles pour qui les

communistes étaient tout simplement des terroristes, et quand je disais que ma mère avait été autrefois communiste, elles me regardaient avec un air horrifié. Je faisais mine de ricaner, mais je me sentais très isolée.

C'est un échange entre Avram et Pierre qui a commencé à m'éclairer. Entre eux, la même discussion revenait régulièrement : Pierre parlait de renverser le pouvoir capitaliste. Avram disait :

– Et après ? Qui sera aux manettes ? avant d'ajouter : Tu sais bien que la nature a horreur du vide. Ce pouvoir-là serait immédiatement remplacé par un autre…

– Je crois à une démocratie sous la houlette d'un pouvoir juste, rétorquait Pierre, c'est vers çà que nous devons tendre…

Avram, ça le faisait bondir.

– Tu crois surtout au Père Noël. Il n'y a pas de pouvoir « juste » ! Le pouvoir rend con. Con et dangereux. Aucun despote n'y a échappé, regarde Staline, Mao… Même ton Fidel Castro qui se met à la remorque de l'URSS…

C'était au tour de Pierre de sursauter.

– Je ne te permets pas d'insulter Fidel !

– C'est comme ça, mon vieux, même si ça ne te

plaît pas. Dès qu'il est entre les mains d'une minorité, le pouvoir devient une dictature. Moi, la dictature du prolétariat, ça me fait doucement rigoler…

Avram était hongrois, juif et socialiste. Hongrois, il avait dû quitter Budapest après l'écrasement, en 1956, de la révolte contre le régime stalinien. Juif, il critiquait violemment le nouvel État d'Israël fondé, disait-il, sur l'occupation d'un territoire et sur l'asservissement de ses occupants. Avram disait que sa seule patrie était le socialisme, que la patrie du socialisme, c'était la liberté, et que, pour l'instant, il ne l'avait pas encore localisée sur la carte du monde. Il prédisait que, dans sa forme actuelle, le « soufflé » de mai 68 retomberait inévitablement, mais que la révolution des esprits était en route et que, celle-là, rien ne pourrait l'arrêter dans les années à venir. En attendant, il ne fallait surtout pas aller à l'affrontement avec le pouvoir en place. Il ajoutait que le mouvement de mai était magnifique et riche parce qu'il était spontané et que le plus grand danger qui le guettait était la tentation du pouvoir. Pierre le traitait de lâche et de réformiste. Tout en parlant, il s'emportait, haussait le ton. Il trouvait au contraire qu'il fallait « renverser la table » et « voir ce que les autres avaient dans le ventre ».

J'essayais de comprendre. Mina, elle, les écoutait se disputer en souriant. Pierre était plus jeune qu'eux, elle avait raisonné autrefois comme lui. À présent elle pensait comme Avram. Lui était posé, je le sentais empli d'un bon sens durement conquis. Il concluait :

– On voit que tu n'as pas vécu sous la botte des communistes, mon vieux…

Pierre se levait d'un bond, enfilait sa veste :

– Quand on en sera au Grand Soir, on verra bien qui avait raison !

Ce jour-là, il est parti en claquant la porte. J'ai pensé que, quand arriverait le fameux « Grand Soir », je n'aimerais pas que Pierre soit « aux manettes ».

Mais comment faire, alors, pour « changer les choses » ? Comment faire ? C'était la question que tous se posaient, soir après soir, après les combats de rue, dans toutes les discussions, dans toutes les AG, dans tous les comités d'occupation. Comment faire pour conserver vivante l'étincelle qui venait d'être allumée ? Personne n'avait la réponse.

Chacun en proposait une différente : les maoïstes prônaient la fusion avec la classe ouvrière, les trotskistes la révolution permanente, les communistes la dictature du prolétariat, les anars hurlaient : « Ni Dieu ni maître ! », les sociaux-démocrates voyaient le salut dans les réformes. Ceux du 22 mars, eux, ne proposaient aucun modèle, semblait-il. Là, sans doute, était leur force. C'était aussi pour ça qu'ils me plaisaient.

Pour l'heure, mon petit problème de lycéenne, c'est que je tombais toujours amoureuse des gens qui justement avaient du pouvoir, par exemple Dany et le grand brun de Condorcet pour qui je devais m'avouer une petite faiblesse. Cette constatation me troublait, le pouvoir que critiquait tant Avram, moi il m'attirait. Je ne savais que faire de cette idée embarrassante. Finalement le seul possible restait Jibé, qui n'arrêtait pas de m'appeler en prétextant le film qu'on avait interrompu et cela le rendait triste. Il disait qu'on devrait s'y remettre, il parlait du film mais je comprenais bien qu'il voulait surtout qu'on se remette ensemble. C'était dommage, j'avais envie d'aimer tout le monde, depuis quelque temps, il y avait une grande vague d'amour en moi qui englobait le monde entier. Sauf Jibé.

On se rend rarement compte sur le moment de l'importance des choses qui nous arrivent. En mai, on s'était tout à coup mis à exister différemment, mais on ne le savait pas encore. On faisait des milliards de choses nouvelles. On n'arrêtait pas. D'écouter, de dire, de parler, de se réunir, de faire des manifs, des barricades, des meetings. De lire, de rire, de tomber amoureux, de ne plus interdire, de comprendre, d'expliquer. De faire la grève, de sourire à des inconnus, de s'engueuler. Tout arrivait en même temps, un carambolage énorme. Tout pétait, à l'extérieur et à l'intérieur de nous, dans les rues et dans nos têtes. On n'imaginait pas que ça pouvait s'arrêter. On criait des slogans dans la rue, on avait envie de tout casser, mais on ne savait pas vraiment quoi ni pourquoi, on chantait *L'Internationale* sans connaître toutes les paroles et le monde nous appartenait. Et même cette fin un peu mièvre de la chanson qui dit « Le soleil brillera toujours », quelque part on y croyait. Moi ça me donnait envie de chialer. Je trouve que, dans ce qui émeut, il y a toujours une réalité plus forte que dans ce qui est rationnel et froid. En mai, il y avait une espèce nouvelle d'excitation, tout se disloquait, tout était à reconstruire. Devant nous se profilait une terre vierge comme celle des Indiens que découvraient les missionnaires en Amérique dans les anciens temps, à l'époque des « Grandes Découvertes » qu'on étudiait en cours. Sauf que nous, les lycéens de 68, on ne voulait pas faire de mal aux Indiens, on était nous-mêmes des Indiens, on ne voulait pas de missionnaires qui nous disent comment il fallait penser et quel dieu il fallait adorer. On voulait juste être compris, on voulait chanter le dieu du vent et le dieu du soleil et les dieux des rivières. Et c'était aussi bien que les dieux de la révolution, Lénine, Trotski, Mao et tous les autres. En mai 68, pour la première fois, tous les dieux se valaient. C'était aussi ça que voulait dire la phrase sur le mur de l'église Saint-Sulpice : « Même si Dieu existait, il faudrait le supprimer ».

C'était une phrase sacrément provocatrice. Parce que même si on était en république, on avait un président hypercatholique qui ne manquait pas d'en faire état. La presse publiait régulièrement des photos de De Gaulle et de sa femme à la sortie de la messe, à Colombey-les-Deux-Églises ou à Notre-Dame de Paris. Et tout le monde savait que, pour lui, la foi et la patrie se chantaient en canon. Alors cette phrase-là, qui avait fleuri en mai sur le mur d'une église, non, elle n'était pas anodine.

Et puis un beau jour, on a appris que de Gaulle accusait les étudiants de mettre la « chienlit ». Personne ne connaissait le mot et la France entière s'est précipitée sur le dictionnaire. Le « chienlit », au Moyen Âge, c'était un guignol habillé en chemise de nuit et le cul tartiné de moutarde. En gros, de

Gaulle traitait les jeunes de merdeux. La réponse n'a pas traîné. Le lendemain fleurissait sur les murs de Paris une affiche le représentant avec sa casquette de général, les bras levés comme un pantin. En dessous était écrit: «La chienlit, c'est lui».

Jusqu'alors, ma vision de De Gaulle avait été plutôt bon enfant, à vrai dire «enfant» tout court. Depuis toute petite, je m'imaginais que sa prérogative la plus intéressante était de pouvoir entrer quand il voulait dans une charcuterie et d'emporter tous les vol-au-vent sans payer. J'adorais les vol-au-vent et je n'imaginais pas qu'il existe un «pouvoir» plus grand que celui-là. Je pensais à de Gaulle tous les jours en passant devant la charcuterie de la rue Saint-Jacques sur le chemin de l'école. J'étais petite, bien sûr, mais bizarrement, c'était ça qui m'était resté dans la tête, à propos de De Gaulle: les vol-au-vent. Président était un métier formidable. Un truc assez vague, en fait. Le droit de manger ce qu'on voulait.

En mai 68, tout à coup, de Gaulle avait changé de nature. Et le matin du 11 mai, après la première nuit des barricades, quand j'étais partie au lycée pour ma composition de grec et que j'avais vu la vitrine de la charcuterie explosée, j'avais bizarrement pensé que c'était foutu pour lui.

9

En mai, lorsqu'on marchait dans Paris, on avait parfois une drôle de sensation, qu'on mettait un instant à identifier : il n'y avait plus du tout de voitures. Mis à part quelques vélos, les gens marchaient au milieu de la rue. Le 22, nous étions assis sur la chaussée, au milieu d'un carrefour, avec Nico et des copains à lui que nous venions de rencontrer, à l'angle de la rue de Vaugirard et de la rue Guynemer. Il y avait là un type de sa classe, Jeff, que je trouvais sympa. Il faisait beau, les rues étaient vierges de tout bruit de moteur, mais remplies de gens qui discutaient au beau milieu de la chaussée. Nous venions de traverser le Luxembourg, avec l'idée d'aller aux Beaux-Arts pour y retrouver Anne-Marie. Tout à coup on a vu des groupes commencer à se former un peu plus loin. On s'est précipités place Saint-Sulpice. Daniel Cohn-Bendit venait d'être interdit de séjour en France ! Personne ne le savait, en tout cas pas moi, mais il était parti à Berlin faire la jonction avec les camarades allemands en lutte. L'information s'est propagée comme une traînée de poudre. Dany était interdit de territoire sous prétexte qu'il était allemand et pas français. En à peine une demi-heure, une manif monstre s'est formée, aux cris de « Nous sommes tous des juifs allemands ! ». Nico, Jeff et moi, on a suivi le groupe qui en ralliait un autre à Saint-Germain-des Prés. En arrivant boulevard Saint-Michel, on a vu voler les premiers pavés. Des types tapaient sur une 2CV renversée avec des barres de fer en criant : « Ce n'est qu'un début, continuons le combat ! » Avant que les flics chargent et qu'on se carapate jusqu'à chez moi, j'ai crié à me casser la voix. Ce n'était pas possible de continuer sans Dany ! Le plus drôle, c'est que Dany est rentré quand même en France quelques jours plus tard, clandestinement, après avoir teint sa tignasse rousse en noir !

Les choses se sont accélérées. Les décisions d'un gouvernement en panique tombaient les unes après les autres. Le 23, des milliers de gens étaient dans la rue pour réclamer la liberté de la presse : le pouvoir venait d'interdire aux journalistes de faire des reportages en direct par crainte de contaminer les gens qui ne l'étaient pas encore.

Et le 24 au soir, de Gaulle a fait son show. Ma mère a dit que ça ne l'intéressait pas et elle est sortie dîner avec Avram. C'est moi qui ai répondu quand le téléphone a sonné, j'espérais vaguement que ce soit Dany, il serait rentré d'Allemagne, il m'aurait dit qu'il m'avait repérée à la Sorbonne, j'aurais confirmé: «Oui, c'est bien moi. Oui, la fille qui apportait les spaghettis dans une lessiveuse», il m'aurait pistée depuis, il se serait renseigné pour me retrouver. On ne savait jamais. J'ai couru décrocher. C'était Granny qui criait dans le téléphone que de Gaulle ne se retirait pas, qu'il allait faire un référendum. J'imaginais les postillons qui étaient en train de se coller sur le combiné à cause de son dentier et je lui ai dit de ne plus s'inquiéter parce que maintenant on avait un transistor.

Dès l'annonce du référendum, les gens sont descendus dans la rue et des groupes se sont formés aux cris de «Élections, piège à cons!». Mina et Avram sont revenus dare-dare du restaurant pour me chercher. La manif était déjà énorme et, comme c'était la nuit, c'était encore plus excitant. Il y avait d'autres slogans comme «Son discours, on s'en fout ! » et « Élections, trahison ! », et nous aussi, on criait comme des fous, c'était joyeux. De Gaulle ne comprenait vraiment rien, il traitait les jeunes de « chienlit », il parlait de réformes alors que la jeunesse et les travailleurs étaient dans la rue et que les « forces de l'ordre » étaient complètement dépassées.

Rue Soufflot, on a retrouvé Pierre et mon frère, et suivi le flot des gens qui descendaient le Boul'Mich'. Il y avait un monde dingue, on se tenait la main pour ne pas se perdre. Avram a pris celle de Mina, je savais bien qu'ils étaient amoureux, mais ça m'a fait bizarre qu'il lui prenne la main comme à une petite fille.

On suivait la foule, on était emportés par le courant. Et puis quelqu'un a crié : « À l'Assemblée ! », tout le monde a applaudi et la manif a pris le boulevard Saint-Germain à contresens vers l'Assemblée nationale. Elle grossissait comme une rivière en crue, ça arrivait de partout. Les journaux ont dit plus tard que place de l'Odéon, on était déjà trente mille, « calmes et déterminés ».

Tout à coup, à la hauteur de l'église Saint-Germain-des-Prés, les types de devant se sont mis à construire des barricades, on était loin derrière, on n'a rien vu. D'un coup, il y a eu des cris : « CRS SS ! »

et « Le fascisme ne passera pas ! ». Les flics ont chargé, les grenades ont fusé. Pavés et cocktails Molotov ont immédiatement répondu.

On avait pris des foulards et Avram nous a dit de les mettre sur notre figure à cause des gaz. Avram ressemblait à Lucky Luke avec son foulard, mais j'avais trop peur pour avoir envie de rire.

Il n'y avait pas beaucoup de parents qui allaient aux manifs avec leurs enfants. Moi, en tout cas, je n'en connaissais pas. Pour une fois, c'était bien d'avoir des parents différents des autres et je n'avais pas honte d'être avec ma mère à la manif.

Plus jeune, j'avais toujours honte de mes parents. De nous. De notre différence. Quand mon père venait voir mon prof de latin sans cravate ou avec l'étiquette du pull devant, quand ma mère venait me chercher à un anniversaire en espadrilles et les cheveux défaits, quand je disais que je n'étais pas baptisée, ou que mes parents ne savaient pas conduire, quand je ne savais pas quoi mettre à « profession du père » et que je mentais, je mettais « buraliste » pour faire croire que mon père travaillait dans un bureau. Plus tard, il y avait eu l'histoire des règles. Toutes les filles de la classe les avaient. Moi non. Même mon corps était anormal. J'avais encore pensé qu'ils n'avaient pas fait les choses comme il fallait. Les autres filles étaient dispensées de piscine parce qu'elles étaient « indisposées », on ne disait pas les règles. Ça sentait mauvais, les « règles », ça puait les serviettes hygiéniques noirâtres qu'on trouvait dans les toilettes des filles et on se demandait à qui c'était. Je regardais les visages dans la cour. Elle ? Est-ce qu'elle était différente de moi, la propriétaire de ce coton souillé ? Je me sentais tellement anormale qu'un jour, en week-end avec des copines, j'avais bourré la culotte de mon maillot de bain avec des chaussettes pour simuler une serviette hygiénique.

Je souffrais de mon « anormalité » en silence car ni mon père ni ma mère n'avaient pour cette souffrance la moindre compassion. Ils étaient indifférents à ce qu'ils appelaient les « signes extérieurs de richesse » et plus globalement à toutes les conventions sociales. Tout ce qui me manquait pour me sentir comme les autres. Mina disait souvent que la richesse intérieure valait mille fois mieux que l'extérieure. Je ne me sentais ni l'une ni l'autre, mais le 24 mai 68, lorsque me suis retrouvée avec ma mère à battre le pavé du Quartier latin, j'ai pensé l'espace d'un instant que j'avais de la chance. Immédiatement après, je n'ai plus pensé à rien. Il fallait courir.

Des gens criaient : « À la Bourse ! », ça détalait dans tous les sens et on ne savait pas si on marchait toujours sur l'Assemblée ou s'il fallait aller à la Bourse. Je ne connaissais pas encore la Bourse, ensuite j'ai su que c'était le temple du capitalisme et que les étudiants étaient partis y mettre le feu. Pierre a décidé d'aller à la Bourse et il nous a plantés rue Jacob. J'avais une peur bleue à cause des explosions qui se rapprochaient et les jambes en coton. J'ai tiré Avram par la manche pour qu'il vienne avec nous sous une porte cochère où des gens s'étaient déjà cachés.

On s'est réfugiés dans une cour et on a attendu que la rue se calme. Finalement Avram a décidé de sortir, moi je serais bien restée dans la cour. Une fois dans la rue, ça pétaradait encore de partout. On s'est engagés tous les trois rue de Seine, mon cœur battait à tout rompre et je me suis juré que, si je m'en sortais, plus jamais je ne retournerais en plein milieu d'une bataille de rue. Mais d'un coup, les flics ont attaqué sur notre flanc gauche et on s'est mis à courir comme des dératés jusqu'à la rue Saint-André-des-Arts où on s'est engouffrés dans un autre hall d'immeuble avec des étudiants qui sont repartis au combat assez vite. On est sortis au bout d'un très très long moment. Il faisait presque nuit. Je tremblais comme une feuille morte. Je me suis dit que je n'étais pas mûre pour la révolution. Et j'ai eu très envie de pleurer.

J'avais eu très très peur. Comme avait dit Avram, la manif du 24 mai a été mon baptême du feu.

. 10

Après le discours de De Gaulle, toute la France s'est mise en grève. Pas seulement les usines, mais tous les transports, les trains, les métros, les bus, les avions. Les journaux titraient : « La France est paralysée ». Il y avait dix millions de grévistes. On n'avait plus de courrier, plus d'essence, plus de beurre, plus de lait, plus de sucre, plus de tabac, plus d'huile, plus de vinaigre. Plus de salade non plus il faut dire. C'était dingue, on n'avait pas vu ça depuis la guerre, enfin moi c'était la première fois, plus de farine, plus de conserves de sardines, plus de Nesquik, plus de café. Les gens faisaient la queue pendant des heures pour faire provision de pâtes et de riz, ils s'engueulaient comme des chiffonniers parce que celui de devant venait de prendre la dernière boîte de raviolis, des mères de famille faisaient des crises parce qu'il n'y avait plus de lait en poudre et plus de couches-culottes. Quand la nuit tombait, il y avait des coupures d'électricité, on se retrouvait dans le noir et il fallait allumer des bougies pour se brosser les dents. Ou alors des coupures de gaz et on mangeait froid.

Et puis, il s'est mis à y avoir des coupures de téléphone. Je parlais à Cath ou à Nico et tout à coup dans le combiné il n'y avait plus personne, on faisait « allô, allô », et rien. Comme dans la rue beaucoup de cabines téléphoniques avaient été incendiées, on ne pouvait même pas se rabattre sur le téléphone public.

Après, il n'y a plus eu de tout. C'est-à-dire plus rien. Plus de journaux, plus de radio, plus personne qui ramassait les poubelles. Dans les rues, il y avait des montagnes de cageots et d'ordures avec les rats qui venaient se servir en direct. Les gens se sont organisés par immeuble en « comité poubelle ». Chez nous c'est Bezons qui a pris l'initiative, il a mis une affichette dans la cour disant qu'il se portait volontaire pour brûler les déchets du 15, rue Malebranche, ainsi que ceux du 13 et du 11, si les copropriétaires lui donnaient leur accord. Il disait aussi que si ça continuait, on allait avoir la peste comme au Moyen Âge et que, lui vivant, cela ne serait pas. Je ne sais pas si finalement les autres ont dit OK mais un jour on a vu Bezons à moitié fou en train de courir dans la rue en arrosant d'essence des montagnes d'ordures auxquelles il foutait le feu avant de se faire arrêter par les flics en faction un peu plus loin. On n'a pas le droit de brûler des déchets sur la voie publique, mais c'était exagéré d'arrêter Bezons, on n'était plus à ça près.

Le 27 mai, je ne sais pas comment Granny avait eu l'info parce que l'ORTF était en grève, mais elle avait téléphoné le matin pour dire qu'il y avait un grand meeting de toute la gauche au stade Charléty et qu'elle voulait y aller. Un rassemblement de tous les syndicats, ouvriers et étudiants, Granny était excitée comme dix puces, c'était le tournant du mouvement et elle ne voulait pas manquer ça. Je la comprenais mais, avec ses problèmes de pieds, c'était risqué. Mina a hurlé dans le téléphone qu'elle était folle, elle ne se rendait pas compte, avec ses pieds. Mais Granny lui a répondu qu'elle n'avait qu'à s'occuper des siens et qu'elle irait quand même, de toute façon elle avait son pliant et ce n'était pas sa première manif. Ma mère a raccroché en disant d'un air exaspéré : « Son pliant ! Ma mère est cinglée ! »

On est parties à pied toutes les deux pour Charléty, à la porte de Gentilly, avec des sandwichs parce que c'était vraiment loin. Charléty c'était le stade où on avait volley-ball, au lycée. En seconde et en première, on partait avec nos sacs de sport et, au retour, avec Cath et Françoise, on mangeait nos Choco BN dans le fond du car en tricotant notre conversation préférée pour ne pas dire obsessionnelle : les garçons.

Pierre Mendès France devait être à Charléty. Ma mère voulait absolument le voir. C'était un politicien qu'elle admirait beaucoup, on disait qu'il pourrait peut-être remplacer de Gaulle qui allait démissionner, c'était sûr. Mais Mendès France n'a pas voulu remplacer de Gaulle, et je crois d'ailleurs que personne ne lui a rien demandé. En réalité, on n'a jamais su parce que tout à coup ma mère a hurlé qu'elle avait oublié de débrancher le fer à repasser. Juste quand tout le monde s'est mis à crier : « Ce n'est qu'un début, continuons le combat ! » en tapant des pieds en rythme. Ce qui fait que personne ne l'a entendue, heureusement. Sauf moi. C'était nul, cette histoire de fer. On était coincées entre deux gradins au milieu de milliers de gens qui s'écrasaient les uns contre les autres. Il a fallu escalader des montagnes de types et de filles qui nous engueulaient avant d'arriver à sortir du stade et de rentrer chez nous en courant comme des folles tellement on avait peur d'avoir foutu le feu au quartier. C'est vrai que ce n'était pas le moment.

Après qu'on a débranché le fer, j'étais furieuse. Il n'y avait même pas eu le feu chez nous et on n'avait pas vu Mendès. C'était bien la peine d'être parties du meeting. Pour se faire pardonner, elle m'a proposé d'aller au théâtre de l'Odéon, qui était occupé par un comité révolutionnaire depuis quelques jours.

« L'Odéon », avant mai, je ne connaissais pas. Le nom « Odéon », c'était seulement mon numéro de téléphone, « Odéon 80 48 ». Pourtant, juste en face, il y avait les ânes du Luxembourg et Guignol où j'allais quand j'étais petite. Et le petit bassin où on attrapait les poissons rouges en cachette du gardien. Après, on les posait sur le sable et on attendait qu'ils aient fini de s'agiter. Le théâtre de l'Odéon était là, tout près, je passais devant le mercredi soir quand j'allais dormir chez mon père, il nous emmenait parfois manger des bananes flambées dans un restaurant chinois qui était tout à côté. Mais je ne savais pas qu'il y avait un théâtre derrière ces grandes colonnes.

Des drapeaux noirs et rouges flottaient tout en haut, on les voyait de loin. Dehors, assis sur les marches, les gens discutaient. À l'entrée, on pouvait lire sur une affiche: «L'imagination prend le pouvoir à l'Odéon, entrée libre et gratuite». Et sur une autre: «Interdit aux spectateurs bourgeois». À l'intérieur, la foule était compacte, comme une manif, mais immobile. Les gens mangeaient, dormaient, fumaient et flirtaient sur les fauteuils en velours rouge. C'était un peu le but, le comité révolutionnaire voulait que tout le monde se mélange, artistes, ouvriers, comédiens, étudiants et le mélange se faisait surtout dans les baignoires du premier étage. Sur la scène, les orateurs se succédaient, plus ou moins convaincants.

Ma mère faisait tank devant moi pour essayer de se rapprocher de la scène où une actrice connue allait parler. Mina voulait absolument l'entendre. Mais un type très excité et assez grossier a pris le micro des mains de l'actrice juste quand on arrivait devant la scène. Il s'est mis à vociférer que la prise de l'Odéon était une mesure d'agitation révolutionnaire, qu'on n'avait pas besoin d'un théâtre bourgeois et on n'a pas compris le reste parce que le micro faisait des bruits de tuyauterie. Tout le monde s'est levé en brandissant le poing et on a chanté *L'Internationale*. J'ai levé le poing aussi, sans vraiment savoir pourquoi, mais ma mère avait l'air furieuse et elle faisait: «Chhhhhttt!!!» en regardant tout autour d'elle. Sur la scène, l'actrice connue a fait signe qu'elle voulait quand même parler. Ma mère m'a soufflé : « C'est Madeleine Renaud ! » Des gens l'ont sifflée et d'autres ont crié de se taire à ceux qui sifflaient, c'était le bazar. Comme le type ne voulait pas rendre le micro, elle a dit qu'elle n'en avait pas besoin parce qu'elle était habituée à la scène. Elle a dit que l'Odéon n'était pas un théâtre bourgeois, que « Jean-Louis » et elle-même jouaient tout un tas d'auteurs qui n'étaient pas des bourgeois, et là des gens dans la salle ont crié des noms que je ne connaissais pas : « Et Machin ? Et Truc ? C'est pas des bourgeois, peut-être ? » D'autres ont répondu que non, bien sûr que Truc n'était pas un bourgeois !, Machin peut-être, mais pas Truc, dans le fond des types ont voulu chanter *L'Internationale*, ça a recommencé à être le cirque. Madeleine Renaud a dit fermement que non, elle était désolée, Ionesco ou Adamov ou Beckett n'étaient pas des auteurs bourgeois. Elle a ajouté que ces auteurs étaient contre le système et qu'il n'y avait pas besoin d'occuper l'Odéon pour dire qu'on était contre le système, que l'art et le théâtre étaient faits pour ça. Et là, le type a redit dans le micro que l'art n'était pas une marchandise, qu'il devait être gratuit et ça s'est remis à faire des bruits de tuyauterie, mais tout le monde a encore crié : « Ouais !!! » Avant de passer le micro à une fille qui était montée sur scène et qui trépignait depuis cinq minutes, il a dit qu'à partir d'aujourd'hui, les révolutionnaires occupaient tous les lieux de travail en France, les théâtres, les usines et les universités. Des gens ont encore chanté *L'Internationale* et cette fois personne ne les en a empêchés. C'était excitant, mais pas très agréable pour Madeleine, qui avait l'air un peu triste.

Moi, je ne savais pas trop de quel côté être. Je trouvais qu'elle avait raison, le théâtre, ce n'était pas pareil que l'usine. Mais l'idée de l'art gratuit me paraissait juste, j'étais d'accord avec celui qui criait dans le micro. Ce qu'on ne voulait pas, nous les jeunes, c'était que le système capitaliste contamine l'art qui était la chasse gardée de la liberté. Ça, c'est une phrase que j'ai entendue à ce moment-là. Je la répète textuellement parce que c'était formidablement bien dit. J'étais d'accord, mille fois d'accord, l'art, c'était un lieu sacré, encore plus sacré qu'une église. Cette phrase-là, elle me parlait sans que j'aie besoin d'explication de texte.

En même temps il fallait bien que les artistes gagnent leur vie. Il n'y avait pas trop de solutions. En mai, tout le monde en cherchait une. À l'Odéon, dans les ateliers des Beaux-Arts, dans les AG et même le soir, chez nous, dans les discussions. L'art, c'était l'imagination et, sur un mur de Paris, il y avait cette inscription formidable qui disait : « L'imagination au pouvoir ! » Oui, mais dès qu'on l'avait, ce pouvoir, on devenait con et dangereux, disait Avram. C'était compliqué. Je ne sais pas si on l'a trouvée depuis, cette solution.

. 11

Fin mai, de Gaulle a disparu. Voilà, juste ça. Un jour, les journaux ont dit qu'il était parti et personne ne savait où il était. Cela ne nous inquiétait pas trop, à la maison, et apparemment les étudiants non plus, ils avaient d'autres chats à fouetter, mais la presse avait l'air affolée, elle ne parlait plus que de ça. Moi j'imaginais de Gaulle avec sa femme et son baluchon faisant du stop à la porte d'Orléans, personne n'aurait voulu le prendre, il avait de trop grandes jambes pour entrer dans une Aronde ou dans une 403, finalement un camion se serait quand même arrêté et l'aurait embarqué à l'arrière, avec son chargement de veaux.

En attendant, de Gaulle n'était plus à l'Élysée. Certains disaient qu'il était parti chercher l'armée pour tirer sur les gauchistes. Monique avait téléphoné complètement paniquée, elle avait entendu dire que des chars d'assaut se dirigeaient vers Paris. Monique gobait n'importe quoi, mais beaucoup de gens ont commencé à paniquer. Après tout, de Gaulle était un général, ça n'avait rien d'invraisemblable. Je ne sais pas si c'est à cause de ça, mais le défilé organisé par la CGT entre la gare de Lyon et celle de Saint-Lazare s'est transformé en une manifestation monstre de trois cent mille personnes, ouvriers, étudiants, enseignants, travailleurs, qui s'unissaient contre le despotisme et la répression.

Cette manif-là, elle s'est terminée comme presque toutes les autres, par de la castagne. Mais mon souvenir le plus vif, le plus fort, c'est une sensation d'émotion intense. J'avais retrouvé Nico dans le groupe des CAL Condorcet. Je sautais sur place pour essayer de voir par-dessus la foule. Jeff, le copain de mon cousin, m'a proposé de grimper sur ses épaules. Je me suis retrouvée à crier : « Adieu, de Gaulle ! », « Gouvernement populaire ! » et « La Bastille au peuple ! » à côté d'une autre fille qui portait une pancarte « CAL Balzac » et je l'ai sentie. Cette lame de fond. Cette émotion démente. Tout à coup, je me suis sentie « normale ». Peut-être bien que j'ai compris que personne ne l'était. J'étais comme les autres, je me sentais faire partie du monde, ça déferlait, ça remuait, ça faisait de la joie, j'étais comme soûle, mais en même temps étonnamment claire. J'avais la gorge serrée et à un moment avec la fille de Balzac on s'est regardées, de là où on était sur les épaules des mecs, et j'ai vu qu'elle aussi était bouleversée. Tout le monde se souriait et se tutoyait. Jeff tenait mon pied comme s'il me tenait la main. Je me sentais faire partie de l'humanité. Et j'avais comme une envie de pleurer.

Au début, la manif était joyeuse. Mais quand les types de la CGT ont distribué des tracts disant que l'armée était aux portes de Paris, les gens ont commencé à avoir salement peur. À la Bastille, quelqu'un est monté sur la colonne avec un mégaphone et a dit que si de Gaulle tirait sur les manifestants il prendrait aussi les armes. Il a demandé qui était d'accord avec lui et là tout le monde s'est mis à crier des trucs différents, mais on ne comprenait pas qui était d'accord et qui ne l'était pas. Derrière nous, des types ont commencé à renverser des bagnoles pour faire une barricade au début de la rue Saint-Antoine, mais ça bouchait l'évacuation de la place et d'autres se sont mis à crier : « Pas ici, camarades, la barricade ! Plus loin, les mecs, plus loin ! »

Une marée sombre, casquée et armée jusqu'aux

dents, envahissait la place de la Bastille par la rue du Faubourg-Saint-Antoine. Tout le monde s'est mis à cavaler. Les flics avançaient, en ordre de bataille. On a pris le boulevard Henri-IV, qui était encore dégagé. Arrivée au pont, je me suis retournée. La Bastille était noire de fumée et de cris. J'avais perdu Jeff et Nico et j'étais un peu affolée. Là, il s'est passé quelque chose d'étonnant. Au milieu de la foule qui refluait vers la rive gauche, je suis tombée sur mon père. Il était venu avec un de ses amis. Ils étaient venus tous les deux « voir », ils avaient l'air ahuris de se retrouver là, au milieu de cette foule déchaînée. L'ami de mon père disait : « Je me sens comme Fabrice del Dongo à la bataille de Waterloo. » Comme je lui jetais un regard interrogatif, mon père a ri : « Tu n'as pas lu *La Chartreuse de Parme* ? » Non, pas lu. Je ne pouvais pas savoir que le héros s'était retrouvé en plein milieu d'une bataille napoléonienne sans vraiment savoir pourquoi il se trouvait là.

Mon père m'a pris par le bras : « On rentre, ça devient dangereux ! » On s'est engagés quai Bourbon. J'étais un peu contrariée parce que, même si j'avais peur, je voulais voir ce qui allait se passer. Mon père, lui, en avait assez vu. Il me tenait fermement. Et puis on arrive place Saint-Michel et là, barrages énormes, rangées de cars de CRS, jets de projectiles, début de barricade. Je veux rester. Mon père me tire violemment par la manche : « Pas question, c'est trop risqué ! » On était juste devant un barrage de CRS. Et moi, je me retourne vers lui et je lui lance : « Évidemment, t'as la trouille ! » Juste sous le nez des flics. Et là, il me flanque une gifle.

Voilà, on peut dire que mai 68, pour moi, ça a aussi été ça : la première nuit des barricades, j'ai pris la dernière gifle de ma mère ; la dernière manif, la dernière gifle de mon père. Sur le moment, j'en ai pleuré. Et pourtant, ces gifles de mai qui ressemblaient à l'enfance, ces gifles vécues dans l'angoisse commune et l'émotion partagée, celle de ma mère d'abord, celle de mon père pour finir, je sais qu'elles m'ont, étrangement, propulsée dans le monde des adultes.

. 12

Le 30, de Gaulle a réapparu. D'un coup, comme Guignol aux marionnettes du Luxembourg. On savait grâce à lui qu'un « chienlit » était un personnage de carnaval, l'avait-on assez crié dans la rue : « La chienlit, c'est lui ! » Pour le coup ça y était. Guignol était de retour ! C'est ce que nous pensions tous.

Quand il a annoncé qu'il allait dissoudre l'Assemblée nationale et organiser des élections législatives, on était en train de dîner et on écoutait Europe 1 sur notre beau transistor. Sur le moment on n'y a pas accordé d'importance. Mina a dit qu'il prenait des risques, qu'il allait « se faire sortir » par les Français. Mais Avram a hoché la tête d'un air entendu : « Il sait ce qu'il fait, le vieux renard... »

Et tout à coup, le journaliste a passé l'antenne

à un de ses confrères et, derrière lui, on a entendu des cris de manif. Mais des cris inhabituels. Et puis *La Marseillaise*! Une manifestation monstre était en train de se former pour de Gaulle dans les quartiers chics. Le speaker disait qu'il y avait des dizaines de milliers de personnes sur les Champs-Élysées. J'ai dit: « Ça y est, les fachos se réveillent », Nico a crié: « Putains de nazis! » et Mina a ouvert la bouche pour lui dire de fermer la sienne, mais Avram nous a fait remarquer tranquillement, à Nico et à moi, que non, le monde n'était pas divisé en deux, la vie n'était pas un western. Il a ajouté que la politique c'était plus sérieux que ça et que les milliers de gens qui défilaient sur les Champs n'étaient pas des nazis. Et comme Nico s'apprêtait à répondre, Avram lui a cloué le bec en disant que, parfois, ça ne faisait pas de mal de se renseigner et même de lire, parfaitement, au lieu de bêler comme des moutons en répétant n'importe quelle bêtise.

Je sentais qu'Avram avait raison, mais sa remarque me compliquait les choses. Tant qu'on se croyait les rois du monde, c'était assez simple. D'un coup, il fallait accepter qu'il existait des gens qui n'étaient pas d'accord avec nous sans être pour autant des salauds.

Le mois de mai paraissait ne jamais devoir finir et pourtant on était le 30. Mais chaque jour passé avait été comme un mois, ce mois avait été comme une année. Et cette année, c'était une promesse de vie. La nôtre d'abord, qui commençait, s'étendait droit devant à l'infini, bien plus loin que l'horizon des journées, des agendas et des cahiers de textes. On a compris bien plus tard que c'était aussi celle de toute une génération, qui allait grandir et avoir des enfants qui, à leur tour, auraient dans leurs gènes tout ce qui s'était passé d'extraordinaire, de nouveau, de singulier, durant ce mois-là.

. 13

À partir du début juin, il y a eu une sorte de décrue. Le fleuve qui rentre lentement dans son lit. C'était impalpable, c'était dans l'air. Peu à peu, il y a eu moins de manifs, les bus et les trains ont commencé à remarcher, l'essence est revenue à la pompe et les magasins ont été réapprovisionnés, on apprenait qu'en province certaines usines reprenaient le travail. Il y avait une atmosphère de fin de fête, quand les invités partent et que les lumières s'éteignent. Une vague tristesse, une nostalgie, déjà. On ne pouvait pas s'empêcher de penser : « Tout ça pour ça. »

Début juin, il a beaucoup plu, comme si le ciel s'y mettait pour nous signifier que les beaux jours s'en étaient allés. Toute cette pluie, ça nous plombait terriblement, on se remontait le moral, avec les copines et avec Nicolas, en parlant de ce qu'on allait faire pour les vacances. Mais cette idée même de «vacances» était irréelle. On avait le sentiment bizarre que quelque chose d'essentiel était en train de nous passer à côté et qu'il fallait rester sur le qui-vive.

En attendant, on nourrissait quand même un petit espoir: que le bac n'ait pas lieu. C'est le bruit qui avait couru en mai parmi les lycéens. Ils allaient le donner à tout le monde, cadeau, nœud rose et merci. Ça nous paraissait presque normal puisqu'on n'avait pas pu réviser. On avait tellement envie d'y croire, à ce bruit génial, qu'on avait encore moins révisé, je crois qu'on s'était même forcés à tout oublier, les équations à deux inconnues, Victor Hugo, Lénine et la crise de 29. On avait presque fini par attendre la pochette-surprise qui nous donnerait le bac au courrier du matin.

On y croyait dur comme fer. De toute façon, on l'avait prévu: si jamais «ils» nous faisaient le coup de le remettre après les deux mois qu'on avait eus, pas de profs, pas de cours, les lycées occupés et tout le reste, on descendait dans la rue, les lycéens, certains comités d'action s'organisaient déjà pour ça.

Jusque vers le 3, 4, on n'arrêtait pas de s'appeler, avec les filles, on parlait de notre avenir qui se levait à l'est comme le soleil et la révolution, on parlait d'aller la continuer en juillet au festival d'Avignon, on parlait aussi d'amour. On n'y connaissait pas grand-chose sur aucun de ces trois sujets, mais ce n'était pas grave. L'amour, ça avait fait partie des grandes questions de mai. Des questions qui avaient été libérées comme des ballons d'hélium et qui s'en allaient maintenant libres dans le ciel, pleines de couleurs chatoyantes. On parlait beaucoup de « l'amour libre », sans idée de mariage, encore moins de fiançailles. Pour Françoise ce n'était pas évident, elle sortait depuis février avec Emmanuel, mais elle n'envisageait pas une seconde de se « donner à lui », comme elle disait, avant le mariage. Pour Cath et moi, l'idée même de mariage avait disparu de nos têtes. On rêvait toutes les deux du grand amour révolutionnaire auquel nous nous « donnerions » sans réserve, dans la liberté de la passion partagée. Finalement, on était assez romantiques. On ne saisissait pas vraiment ce que voulait dire « l'amour libre » ni que le partage en question impliquait que l'on pouvait éventuellement être avec plusieurs personnes à la fois et qu'on n'aurait pas le droit d'être jaloux. Cath avait fini par comprendre qu'il valait mieux viser un étudiant plus âgé plutôt qu'un lycéen un peu puéril comme mon cousin Nicolas, même s'il était tout à fait charmant.

Et puis tout à coup, ça s'est accéléré. De Gaulle a dit: «La récréation est finie» et a envoyé sa police dans les usines. Les CRS ont commencé à évacuer par la force celles qui étaient encore occupées par les ouvriers en grève. En particulier celle de Renault à Flins, près de Paris, où la grève était particulièrement dure. Pour soutenir les grévistes, les militants gauchistes ont immédiatement appelé à s'y rendre en force. Des barrages de police ont été installés dans tout le secteur pour empêcher les jeunes d'approcher, et pendant deux jours il y a eu des «ratonnades» à travers les champs qui entouraient l'usine. Le 10 juin, un lycéen de dix-sept ans, Gilles Tautin, est mort après une course-poursuite avec les «forces de l'ordre». La police a dit qu'il s'était jeté dans la Seine, des témoins ont vu les policiers le pousser à l'eau. On ne saura peut-être jamais la vérité.

Le samedi 15 juin, j'ai suivi l'enterrement d'un garçon qui avait mon âge. Je n'oublierai jamais la marche silencieuse, l'immense cortège, les larmes sur les visages et aussi, sur ces mêmes visages, la détermination dure et fermée. C'était le premier mort, pour beaucoup la première mort et elle frappait au cœur de ce que nous avions de plus précieux, notre jeunesse. Certains avaient le poing levé, d'autres portaient des portraits de Gilles, « mort pour la cause du peuple ». Au cours des années suivantes, j'ai connu d'autres morts, elles portent toutes pour moi l'empreinte de cette mort-là : l'injustice absolue. Cette amie morte des suites d'un avortement clandestin, ce camarade mort d'overdose, cet autre dans un carambolage à l'issue d'une course-poursuite avec la police pour un petit délit... C'est presque impossible à concevoir, la mort, quand on est jeune. Celle de Gilles Tautin était révoltante. Elle sentait le crime de la police gaullienne, la bonne conscience brutale et sans masque. Durant le long parcours jusqu'au cimetière des Batignolles, on avait envie de vomir notre colère. Pendant plusieurs heures, chacun a déposé une rose rouge sur le cercueil de Gilles. J'étais retournée. C'était la première fois que j'étais confrontée à la mort, et ce mort-là aurait pu être mon frère.

Les nuits qui ont suivi la mort de Gilles Tautin, les 10 et 11 juin, Paris a connu la plus grande flambée de violence de toute la durée des événements. Ces deux dernières nuits des barricades ont été les plus dures. L'ambiance de fête de la première était loin. Il y avait de la rage et de la haine. Je n'étais pas dans la rue, mais nous le sentions tous, l'air suintait la violence. Les manifestants étaient décidés à «casser du flic» et à venger Gilles. De nouveau, des arbres ont été abattus, des barricades dressées, des rues dépavées et, cette nuit-là, pour la première fois, des commissariats pris d'assaut. Celui du Ve, derrière chez nous, sur la place du Panthéon, a été attaqué aux cocktails Molotov, les manifestants sont montés dans les immeubles alentour et ont bombardé les forces de police depuis les toits. C'est un miracle qu'il n'y ait pas eu d'autres morts.

Au lendemain de cette terrible nuit, on a senti que quelque chose dans le mouvement de mai se déréglait, j'ai entendu Mina et Avram dire que les étudiants allaient trop loin, que tant de violence risquait de desservir le mouvement. Un journal titrait : «Un gouvernement, quel qu'il soit, peut-il laisser un quartier de Paris se couvrir de barricades ?» La réponse était dans la question et celle du gouvernement a été à la hauteur de la brutalité de ces deux nuits. Mille deux cents personnes ont été arrêtées, huit cents étudiants et quatre cents lycéens qui appelaient à manifester place Monge à l'incitation des CAL. Parmi eux, mon cousin Nicolas.

La «réaction» s'est organisée contre les «gauchistes». Des «comités de vigilance» formés d'anciens combattants, de volontaires d'extrême droite et de gaullistes ont commencé à se livrer à des provocations contre les piquets de grève d'usines et de lycées. Des « comités de défense de la République » ont été créés.

Dans le même temps, les affiches des Beaux-Arts et les slogans spontanés dénonçant le fascisme rampant et la répression policière se sont multipliés. Pendant quelques jours, on a été en plein délire. À entendre les voix du gouvernement comme celles des responsables étudiants, personne ne voulait d'un bain de sang. Mais il y avait une atmosphère d'avant guerre civile et à un moment on a senti cette chose folle : des deux côtés, le recours aux armes n'était plus exclu. Une situation idéale pour que le pouvoir reprenne les rênes. Et, le 12 juin, ce dernier annonçait en fanfare le « retour à la normale ».

Le jour même, de l'atelier des Beaux-Arts sortait une nouvelle affiche : on y voyait des moutons, plein de moutons. Ils avaient tous les mêmes yeux, la même tête, les mêmes cornes recourbées, ils étaient serrés les uns contre les autres comme s'ils avaient froid. Ils regardaient tous dans la même direction. Sur l'affiche, on lisait : « Retour à la normale ».

Ce soir-là, Mina a accompagné sa sœur, la mère de Nicolas, au commissariat du VIe pour récupérer son fils. Nico n'a pas voulu rentrer chez ses parents, rue Bonaparte. De toute façon, ils ne le supportaient plus. Nico est venu habiter chez nous.

Mi-juin, les lycées ont arrêté de faire la grève. Pour Nico, ça a été un vrai cas de conscience. Il disait que, s'il était logique avec lui-même, il devait continuer la grève. Mina avait beau lui dire qu'une grève ne se faisait pas tout seul, il maintenait qu'il avait des convictions et qu'il ne se rendrait pas. Et quand les lycées ont rouvert leurs portes, il n'y est pas allé. Entre-temps, on avait appris que le bac aurait lieu.

Les parents avaient commencé à se téléphoner dès la manif des gaullistes, le 30, pour se dire que « les enfants devraient quand même réviser », le père de Cath avait eu des infos, il fallait bien que « tout ce cirque s'arrête, nom de Dieu ! » criait-il dans le téléphone. « Et que les gamines aient leur bac ! Et que fait le gouvernement ? » Et de Gaulle, et Pompidou et le ministère et ce crétin de Fouchet, est-ce qu'ils avaient décidé que ces enfants seraient la génération sacrifiée, etc. J'avais entendu ma mère essayer de calmer ce type qu'elle n'avait jamais vu, ça n'avait pas l'air facile.

Avec la réouverture des lycées, ils ont recommencé à nous mettre la pression. Mina m'a dit un beau matin que ça se précisait pour le début juillet.

Elle a eu du nez. Le 17, j'ai reçu la convocation : 4 juillet, 8 heures, lycée Paul-Valéry. Ma tante a téléphoné pour dire que celle de Nicolas était arrivée aussi. Même jour que moi, mais à Claude-Monet. « Purée, les salauds ! » a juré Nico.

« Ils » nous avaient pris à revers. Les capitalistes avaient sifflé la fin des festivités, il fallait redescendre sur terre. Avec les copines on s'est téléphoné comme des dingues : « Et toi ? Oui, moi aussi le 4, moi le 5, c'est dégueulasse ! » Et puis on a arrêté de se téléphoner, on avait à peine trois semaines pour réviser la totalité du programme. Ce bac serait uniquement oral, mais il fallait quand même assurer. En un mois et demi d'« événements », on s'était empressées de tout oublier. Ce bac qui nous cueillait à la fin des événements, c'était une vraie trahison.

Nico a espéré pendant toute une journée que les étudiants allaient descendre dans la rue pour nous défendre, mais rien. Il était profondément déçu, il trouvait que nous, les lycéens, on les avait soutenus dès le début et qu'ils auraient bien pu nous renvoyer l'ascenseur.

Avec ma mère, on s'est remises à la table de la salle à manger et on a révisé la guerre de 14, l'assassinat de Sarajevo, les mutineries de 17, Raspoutine,

Trotski, Lénine, les soviets et la crise de 29 comme des malades. Elle m'a fait des résumés, des synthèses, des cartes, des fiches et des aide-mémoire dans tous les sens. Elle adore l'histoire, sans doute parce qu'elle aime la politique, c'est un peu la même chose. Le français, ça allait depuis toujours, mais on a quand même potassé Victor Hugo à fond et elle nous a raconté vite fait *Un cœur simple* de Flaubert, avec le perroquet, qu'on n'avait plus le temps de lire, on était déjà le 30 et il y avait encore tout le Front populaire devant nous. C'était dingue, elle nous achetait des corn flakes vitaminés, des barres Mars et de l'Évian fruité au cassis, je n'avais jamais travaillé comme ça. Pour les maths, Anne-Marie est revenue dare-dare nous aider avec les équations à virgules et à double inconnue. J'avais repris le lycée, mais pour Nicolas, c'était encore plus dur parce que, avec sa grève personnelle des cours, il avait vraiment lâché la question du bac dans sa tête.

Au lycée, Nora et Anémone n'étaient pas revenues et on n'était que trois à avoir participé, même de loin, au mouvement de mai. Je la ramenais un peu en racontant les manifs, les bagnoles en feu, les barricades, les étudiants, les slogans, aux copines qui étaient dans des quartiers lointains et plutôt bourgeois.

Fin juin, le référendum a eu lieu et de Gaulle

l'a emporté avec une majorité écrasante. Les gens avaient eu tellement chaud aux fesses qu'ils ont voté pour lui en masse. J'ai détesté les filles de la classe qui me regardaient en ricanant avec l'air de dire : « On a gagné. » J'avais envie de les gifler. J'ai fait un exposé sur la révolution russe et en parlant de Kerenski, un contre-révolutionnaire petit-bourgeois, j'ai dit : « Bon, alors Kerenski a décidé "Ça suffit, la chienlit !" » Le prof a trouvé que je faisais des raccourcis historiques un peu serrés, mais il m'a mis une bonne note et j'étais contente de moi.

C'est toujours triste quand les choses finissent, mais là c'était dur d'imaginer que *tout* allait se terminer. Avec Cath et Françoise, on avait comme un vague à l'âme, même si on essayait de ne pas trop penser. Il y avait encore ce sacré bac juste devant nous.

. 14

Le 4 juillet, à 6h30, Mina nous a pressé des oranges et elle est allée acheter des croissants au coin de la rue avant de nous réveiller doucement. Il faisait déjà chaud et le ciel tout bleu jurait avec cette angoissante journée de bac. Je me suis levée la peur au ventre.

Nicolas est parti pour le lycée Claude-Monet. Nous on a descendu le Boul'Mich' désert jusqu'à Cluny et on a pris l'autobus 89. Ma mère disait: « Tu ne te rends pas compte de la chance que vous avez. Un seul bac et à l'oral ! Nous, c'était deux bacs, deux années de suite, écrit et oral. » Elle disait ça pour me détendre, mais ça ne marchait pas vraiment. Avant l'arrivée du bus, j'avais déjà des crampes d'estomac.

Devant le lycée Paul-Valéry, il y avait tout un tas de jeunes, filles et garçons mélangés, on n'avait pas trop l'habitude avec les classes qui n'étaient pas mixtes. Beaucoup de mères étaient là, très pâles et silencieuses ou au contraire très rouges et faisant mille recommandations. De loin j'ai vu Françoise arriver avec son père. Tout médecin qu'il était, il n'avait pas l'air dans son assiette et il s'est précipité pour parler à ma mère. Un type de Lavoisier nous a proposé une Kool. On a commencé à fumer et ça m'a fait du bien. Personne ne savait trop quoi dire. Ceux qui ne se connaissaient pas se parlaient un peu, les mères surtout, qui faisaient mine de rigoler comme si elles étaient détendues. Le type de Lavoisier nous a demandé si on avait des nouvelles de nos copines et on a fait semblant de ne pas comprendre qu'il parlait de Nora et d'Anémone.

La grille de Paul-Valéry était encore fermée. À 7 h 50, une femme est venue nous ouvrir de l'intérieur, pas aimable, on aurait dit qu'elle avait passé la nuit dans le lycée, et on s'est tous enfilés là-dedans avec des mines de condamnés au peloton d'exécution. Dans la cour, en marchant vers le bâtiment, je me suis retournée. De l'autre côté du portail, les mères étaient toutes serrées ensemble comme le troupeau de moutons de l'affiche des Beaux-Arts « Retour à la normale ». Certaines agitaient la main, dans la gorge j'ai eu comme une boule. Je n'ai pas voulu voir la mienne, je suis entrée bien vite dans le hall du lycée.

Dans le couloir, on a lu nos salles de classe, moi, 109 E. C'était un peu le foutoir, on voyait bien qu'ils n'avaient pas eu le temps d'organiser, tout le monde cherchait sa classe, les surveillants étaient débordés et même les profs avaient l'air paumé. On aurait dit qu'ils étaient ahuris de ce qui leur arrivait, faire passer le bac à des milliers de jeunes qui ne s'y attendaient pas.

Par la fenêtre, je voyais le rocher aux singes du bois de Vincennes avec des dizaines de chimpanzés qui sautaient partout et avaient l'air de se marrer. J'ai pensé que ça me porterait chance. Tout de suite après, je me suis dit le contraire, c'était mauvais signe, ces singes qui faisaient n'importe quoi. Mais je n'ai pas eu le temps de décider, on m'appelait en 109 E.

J'ai eu une chance folle : je suis tombée sur Victor Hugo ! « *Demain, dès l'aube…* », que j'avais revu à fond la veille avec ma mère. Je n'ai pas été mauvaise, je crois, ou alors le prof était fatigué. Ils avaient tous l'air d'avoir très envie de partir en vacances. En histoire, j'ai eu la révolution russe, ça aussi je connaissais bien. Dans les manifs, les gars criaient : « Marx, Engels, Lénine, Staline, Mao ! » et cette partie-là du programme, je l'avais révisée bien mieux que la crise de 29 qui me barbait. J'avais même appris la fin de *L'Internationale*, avec tous les couplets. Si on m'avait demandé de la chanter le jour du bac, j'aurais eu 20.

À 17 heures, on avait fini. Sur le boulevard, les teints étaient plus roses que le matin, presque tout le monde avait l'air content, sauf quelques-uns qui pleuraient. On a attendu les résultats qui devaient être affichés le soir même. Avec quelques copines que je m'étais faites ce jour-là, on est allées au café et on a fumé en essayant de faire des ronds.

Certains disent aujourd'hui que ce bac-là, le nôtre, de 68, était facile et que tout le monde l'a eu. Eh bien moi je dis que c'est faux, archifaux. D'abord, les circonstances dans lesquelles on l'a passé étaient loin d'être simples. Ensuite, j'en connais qui ne l'ont pas eu. Mon cousin Nicolas par exemple.

Quand je suis revenue à la maison, Nico était déjà rentré, il n'avait pas eu besoin d'attendre les résultats pour savoir qu'il ne l'avait pas. Il prenait un bain avec la radio à fond, je l'entendais siffloter derrière la porte de la salle de bains. Il m'a crié : « Tu l'as eu ? » J'ai dit : « Oui ! » et il a continué à barboter en fumant des clopes et en écoutant la radio. La fumée qui sortait par-dessous la porte sentait bizarre. Il a encore crié qu'il le repasserait en septembre, ils avaient organisé une session de rattrapage, et il avait tout l'été pour réviser. J'avais de gros doutes, Nico était du genre irrattrapable.

. 15

On y était enfin. Aux vacances. Rien à voir avec l'année précédente, même le mot sonnait bizarrement. Il y avait eu les événements, puis ce bac étrange. On était tous un peu sonnés. Mais il fallait bien prendre des vacances.

Mina n'avait rien prévu et elle a été contente d'apprendre que le « cabanon » qu'elle louait dans le Midi était libre à Pâques. C'était une petite maison rudimentaire au milieu des abricotiers, avec une cheminée dans laquelle on faisait le soir une flambée de sarments de vigne et un magnifique évier en pierre où on se lavait à l'eau froide. D'habitude on descendait en train, ensuite on prenait le car et, sur place, on faisait tout à vélo. Mais cet été-là, on est descendus avec Avram en voiture. La voiture, ça changeait tout. J'étais assez contente de renoncer aux courses à vélo avec le filet coincé sur le porte-bagage et les pêches qui se prenaient dans la roue arrière.

Mina était détendue et ce premier matin de vacances, sous la tonnelle, on a parlé de mon avenir. Jusqu'alors, on n'avait pas vraiment eu le temps. En mai et juin on était dans le présent jusqu'au cou. Après il avait fallu décrocher ce satané bac et l'avenir immédiat était passé à la trappe. Contrairement à la plupart des parents de mes copines qui s'inquiétaient affreusement pour leurs filles, ma mère ne prévoyait pas les choses à ma place, et c'était plutôt une chance. Alors quand elle m'a demandé entre deux tartines ce que j'avais l'intention de faire après le bac, c'était comme si tout à coup elle se disait: «Mince, j'ai une fille, il faut que je m'occupe de son avenir.» Je lui ai dit: «C'est maintenant que tu y penses?» On a ri ensemble, ça faisait du bien de rire avec ma mère, avant mai on s'engueulait tout le temps. Elle m'a demandé si moi j'y avais pensé aussi. Franchement, non. J'aimais faire plein de choses, mais rien en particulier. Par exemple, je passais des heures à regarder les cartes Michelin à cause des voyages que je ne faisais pas. Je m'en étais assez plainte! Les autres filles de ma classe prenaient l'avion pour des destinations lointaines, moi j'allais toujours en Normandie. C'était d'ailleurs un des sujets de friction avec ma mère, je voulais qu'on parte loin, nous aussi. Elle disait qu'on n'avait pas d'argent, que j'avais la chance d'avoir une bourse, sinon on n'aurait pas pu se payer le lycée qui était trop cher pour nous, il fallait que je me rende compte que les alouettes ne me tomberaient pas toutes rôties dans le bec, etc. Quand je râlais, elle me reprochait d'avoir des désirs « stéréotypés et superficiels ». Moi, je voulais juste aller à la plage et avoir des bikinis comme tout le monde. Heureusement, on avait d'autres sujets d'engueulade. De toute façon, avec mai, tout ça avait beaucoup changé. Surtout depuis le soir où on avait porté la lessiveuse de spaghettis à la Sorbonne pour soutenir les étudiants en lutte.

J'avais quand même un peu réfléchi à ce que j'aimais faire. Ce que je voulais avant tout, c'était être à la fac à la rentrée. Et comme il fallait bien s'inscrire en quelque chose et que les cartes des géographie me plaisaient, avec les roches de toutes les couleurs et les courbes de niveau qui me faisaient penser à des vagues qui me faisaient penser à la mer qui me faisaient penser aux voyages, je me suis inscrite en géographie à Censier. À cause des courbes de niveau et des vagues.

Nico était descendu avec nous, ma mère avait dit à la sienne qu'elle ne le lâchait pas d'une semelle tant qu'il n'avait pas décroché son bac. En réalité, très vite, c'est lui qui a décroché du cabanon. À peine arrivé, il a annoncé qu'il avait l'intention de rejoindre des copains qui se retrouvaient tous dans une grande maison du côté d'Avignon pour aller au festival de théâtre. J'ai tanné sans succès ma mère pour qu'elle me laisse partir avec lui, elle était déjà énervée parce qu'elle avait promis à sa sœur qu'elle ferait réviser Nicolas et qu'elle venait de comprendre qu'elle n'y arriverait pas.

On entendait dire depuis quelques jours que le festival d'Avignon était perturbé. Apparemment, la contestation parisienne s'était transportée là-bas. Il y avait eu des tensions et même des bagarres à cause d'une troupe de théâtre très provocatrice, où les acteurs jouaient à moitié nus. Les flics avaient dû intervenir. Cela ne faisait qu'augmenter notre envie d'y aller.

Au bout de trois jours, Nico a fait son sac. Mina lui a dit que s'il ne voulait pas passer son bac, c'était son problème, qu'il était responsable de foutre sa vie en l'air, mais qu'elle se considérait encore comme responsable de la mienne. Il n'était donc pas question que je parte avec lui. On a recommencé à s'engueuler et Nico est quand même parti en stop.

Jean Vilar avait décidé d'y poursuivre le questionnement sur la société commencé en mai et il avait invité le Living Theater, une troupe de théâtre américaine dans la mouvance du mouvement que nous venions de vivre.

Une semaine après son départ du cabanon, Nico est revenu avec un de ses copains qui avait le permis de conduire. Ils avaient assisté à une répétition du Living et ils étaient éblouis par ce qu'ils avaient vu. Ils voulaient convaincre Mina et Avram de venir à Avignon. Cette troupe était incroyable, ça n'avait rien à voir avec ce qu'ils avaient pu voir au théâtre jusque-là. Le Living n'interdisait rien, tout le monde était accueilli. Les gens entraient et sortaient comme ils voulaient, la troupe se livrait devant eux à des exercices qui ressemblaient à des rites initiatiques. Nico a confirmé que oui, certains acteurs étaient nus, en concluant : « Et alors ?! » Cette idée m'a mise un peu mal à l'aise.

Enthousiaste, Nico disait que le Living, c'était « l'esprit de mai » qui se poursuivait à Avignon. C'étaient des gens de tous âges et de toutes langues.

La troupe était composée d'une trentaine d'adultes, mais comptait aussi des enfants et même trois bébés. Ils s'étaient installés dans une ancienne caserne de CRS rue Mistral. Chacun s'était aménagé un espace, quelques tapis et tentures assurant le confort. La caserne sentait le patchouli et l'encens. De belles femmes en robes longues et colliers fleuris sortaient pour acheter le lait, les fruits, les céréales. Tous ils marchaient pieds nus sur les trottoirs d'Avignon, souriants, très dignes, un peu distants, habitués à l'étonnement que provoquaient leurs vêtements bariolés. Mon cousin était véhément : il fallait absolument que nous y allions.

Les Avignonnais du centre-ville, eux, étaient affreusement choqués, le maire avait même demandé à la population de se mobiliser pour « maintenir l'ordre ». Dans les journaux locaux, on a commencé à dire que le Living faisait des « partouzes » sur scène. On n'aimait déjà pas beaucoup les « jeunes » et les gens qui venaient de Paris. Alors, le Living ? C'était drôle, plus les journaux parlaient de « fornications diaboliques en scène », plus les places se vendaient cher pour aller voir le spectacle. À Avignon, l'atmosphère se tendait. Une nuit, le Living fut attaqué en pleine nuit par un commando d'extrême droite. Le lendemain, un acteur de la troupe était agressé par une bande de fachos qui le rouèrent de coups. Le patron du festival, Jean Vilar, dénonçait le climat de haine qui s'installait, mais il ne maîtrisait plus rien.

Au cabanon, Mina et Avram lisaient frénétiquement la presse. Avram revenait chaque matin du village avec trois ou quatre journaux différents. Les articles consacrés aux réactions des Avignonnais le faisaient hurler de rire :

– Ce sont leurs adolescences frustrées qui leur remontent à la gorge ! Les acteurs sont beaux, ils sont libres. Le Living, ce sont d'abord des femmes et des hommes pour qui la tendresse et les étreintes font partie de la vie. Et leur vie, ils la mettent en scène. Quoi de plus naturel !

Je n'étais pas sûre d'avoir envie de voir sur scène ce qu'on n'avait pas le droit de voir dans la vie, mais je faisais une confiance aveugle à Avram et quand il m'a proposé de m'emmener voir le fameux spectacle du Living Theater, au cloître des Carmes, j'étais folle de joie. Pour tout dire, j'étais légèrement inquiète à l'idée de voir des gens à poil sur scène. Ce n'est évidemment pas ce détail qui intéressait Avram, mais leur manière de contester le système et le spectacle payant. De désacraliser l'art, en somme. Tout ce qui contribuait à déstabiliser la société moralisante dans laquelle nous vivions mettait Avram en joie. L'idée qu'une troupe de théâtre venue d'ailleurs propage les idées de mai 68 plaisait infiniment au prof de sociologie qu'était Avram autant qu'à l'homme épris d'idéaux libertaires qu'il était aussi.

La pièce était bizarre. Elle s'appelait *Paradise Now*, ce qui veut dire « le paradis, tout de suite ». L'idée, c'était qu'il n'y avait pas besoin de l'attendre et de se fustiger sur terre pour le gagner au ciel. C'était sans doute pour cela que les acteurs étaient à moitié nus. Je faisais des efforts énormes pour ne pas montrer ma gêne. Et puis, si je comprenais le sens de la pièce, je n'étais pas sûre de comprendre les moyens déployés par les acteurs du Living. Mais comme c'était « l'événement » d'Avignon, j'ai beaucoup applaudi. À la fin, un des types a mis un pantalon et a emmené tous les spectateurs se balader autour du quartier avec des lanternes magiques, des clochettes et des tambours. Je nous trouvais un peu ridicules, mais cela n'avait pas l'air de gêner Avram, plutôt même de l'amuser.

On a suivi pendant un moment. Jusqu'à ce que, vers minuit, on voie des petits groupes se former un peu partout sur la place. On avait connu ce genre de rassemblement spontané en mai. On s'est regardés. On savait ce que ça voulait dire. Ils ont commencé à crier des slogans, sans qu'on comprenne vraiment quoi. Et puis un autre groupe a fait irruption en hurlant : « Le Living, dehors ! » Les deux bandes ont commencé à se taper dessus en plein milieu de la place. Et tout à coup on a vu des hordes sauvages de CRS, matraques au poing, arriver par la rue qui venait de la gare. Avram m'a pris la main : « Allez, on s'en va ! », le temps qu'on arrive à la voiture, on entendait déjà les premiers jets de cocktails Molotov et de grenades lacrymogènes. Le lendemain, la presse locale rapportait que les flics avaient matraqué au hasard militants, comédiens et festivaliers, faisant de nombreux blessés.

Quelques jours plus tard, Nico a débarqué de nouveau au cabanon avec deux de ses copains. Celui qui avait le permis. Et Jeff, que j'avais déjà rencontré à la manif du 24 mai. J'étais même montée sur ses épaules. Mais je devais être trop obsédée par Dany et je ne l'avais pas vraiment regardé. Alors qu'il était plutôt beau garçon et avait un air « homme » qui me plaisait. Pendant le déjeuner, il discutait avec Avram et ma mère, très à l'aise, et j'ai compris qu'il était communiste « tendance Mao ». Il devait plaire aussi à ma mère, parce qu'elle m'a laissée repartir avec les trois garçons, mais pas en stop. Avram nous a mis au car à Carpentras pour Villeneuve-lès-Avignon. Nico lui avait dit qu'ils étaient dans une maison de la grand-mère d'un copain et ma mère a sans doute pensé que c'était un genre de château comme du temps du *Grand Meaulnes* et de bonne-maman. Mais ce n'était pas du tout ça.

C'était un squat. J'ai appris le mot en même temps que j'ai découvert la chose. Une maison abandonnée avec des matelas par terre. Dans une pièce un réchaud était posé sur une table à tréteaux à côté d'une pile d'assiettes sales. Nico m'a expliqué que l'eau était coupée et qu'on lavait la vaisselle une fois par jour dans la petite rivière au bout du champ. J'ai immédiatement regretté d'être venue. Tout avait l'air sale. Une vieille banquette de 2CV faisait office de canapé et Jeff m'a invitée, avec un geste de grand prince, à y prendre place. Les matelas étaient défoncés et tachés, on mettait une couverture pour que ça ne se voie pas, mais la couverture n'était pas nette non plus. J'ai demandé à qui était la maison, Nico m'a dit : « À personne, il n'y avait pas de clé. »

Ils avaient fini de manger et des assiettes traînaient par terre, pleines de sauce tomate froide, d'épluchures d'orange et de mégots. Il restait des spaghettis dans la casserole et de la bière tiède dans une grande bouteille où tout le monde buvait au goulot. Une fille m'a tendu une assiette que je n'ai pas osé refuser. Elle s'appelait Artémis. Elle portait un tricot de corps de garçon et pas de soutien-gorge, avec une jupe longue et les pieds nus. Nico a poussé les assiettes dans un coin pour faire de la place à mon matelas. Dans un autre coin, il y avait un groupe qui fumait en rigolant. Artémis s'est roulé une cigarette et elle s'est mise à danser toute seule. J'avais envie de revenir au cabanon chez Mina, là-bas j'avais une chambre et un lit avec des draps. Je n'osais rien dire, mais je ne savais pas où me poser,

Jeff m'a proposé de sortir discuter dehors. Le ciel était plein d'étoiles. Il avait l'air d'un type sérieux, ça m'a un peu rassurée. Il avait dû voir mon air un peu dégoûté dans la maison, parce qu'il m'a tout de suite dit :

– Je sais, c'est un peu crade… Je te comprends. Ce n'est pas parce qu'on a honte d'être bourgeois qu'on doit se sentir obligés de vivre dans la crasse.

Et puis il s'est mis à me parler de politique et je me suis sentie mieux qu'avec ceux de l'intérieur. Jeff était maoïste, militant CAL de la première heure, il avait participé à toutes les actions des lycéens contre la guerre du Vietnam depuis 1967. Il disait qu'on avait le droit d'être des bourgeois, on ne choisissait pas sa classe, mais qu'il fallait être bien conscient, ici à Avignon, qu'il n'y avait pas de prolétaires dans les spectacles du festival et que nous profitions d'une « plus-value culturelle » qui faisait partie de nos privilèges de bourgeois. À nouveau, je me sentais ignare. Il m'a dit que, bien sûr, lui aussi était un bourgeois, mais qu'il devait l'assumer, c'était même la première étape dans la lutte des classes. Je lui ai demandé quelle était la deuxième, il a réfléchi un instant avant de répondre « avoir une expérience prolétarienne ». Il a ajouté que son engagement lui posait précisément ce problème : les militants n'avaient aucune expérience de ce qu'était la vraie vie des ouvriers. Certains de ses camarades étaient d'ailleurs partis travailler en usine. Comme Jeff allait faire hypokhâgne, il devait se contenter d'être un intellectuel doté de la fameuse « plus-value culturelle ». Je l'ai trouvé supérieurement intelligent. Après, il m'a proposé de mettre des matelas dehors et de dormir à la belle étoile « en tout bien tout honneur ». Le lendemain, j'ai repris le car pour Carpentras et je suis rentrée au cabanon.

Le fait d'être des bourgeois, je l'avais compris le jour de la grande manif du 13 mai, mais je n'avais jamais entendu parler de « plus-value culturelle ». J'ai pensé qu'en effet un ouvrier travaillant chez

Renault n'aurait pas forcément apprécié le spectacle du Living. Était-ce ça, la fameuse « plus-value » ? Mais au fond, moi non plus, je n'avais pas aimé, alors que j'étais une bourgeoise. C'était peut-être que j'étais une oie blanche et que j'avais été gênée par la nudité. Mes réflexions sur cette notion nouvelle tournaient en rond et j'ai décidé de tâter le terrain avec Mina et Avram. Quelques jours plus tard j'ai trouvé l'occasion de glisser la fameuse « plus-value culturelle » à table au cabanon où ma mère et Avram recevaient des amis. Quand j'ai vu leur tête à tous, j'ai compris que j'avais dit quelque chose d'insolite. Ou que je m'étais trompée dans l'ordre des mots. Ou alors c'était Jeff, et là, j'étais encore plus embêtée. Il me plaisait un peu, ce Jeff.

Je n'avais aucune envie de retourner au squat, c'était trop sale. Ça tombait bien parce que Nico et Jeff ont débarqué au cabanon avec la fille des spaghettis, Artémis. Elle s'appelait en fait Agnès et elle sortait avec mon cousin. Apparemment, ils s'étaient lassés du squat, eux aussi. L'aventure du Living Theater s'était terminée en queue de poisson. La pièce avait été interdite au théâtre des Carmes et le Living n'avait pas eu le droit de jouer gratuitement sur la place publique ainsi qu'ils l'avaient demandé.

L'échec était cuisant pour la troupe et symboliquement dramatique pour la suite de « l'esprit de mai ». Nico et Jeff avaient assisté, désespérés, au départ des cars Volkswagen du Living Theater qui quittaient Avignon.

On est partis tous les quatre faire du camping sauvage en Ardèche, on n'avait pas de tente et je suis sortie avec Jeff qui s'appelait en réalité Jean-François et dont les parents habitaient un grand appartement à Paris IXe. Son père était avocat, sa mère avait une bonne et une de ses sœurs avait épousé un chirurgien. Tout ça le mettait mal à l'aise et, comme j'étais assez attirée par lui, j'avais la délicatesse de ne pas trop le questionner sur son environnement familial et sur les avantages matériels qui en découlaient. Ensuite on a été dans la maison de vacances de ses parents sur le bassin d'Arcachon et c'est devenu compliqué. Jeff n'arrêtait pas de me charrier à cause d'un livre que je lisais, sur les anarchistes, *Ni dieu ni maître*, de Daniel Guérin. Bagrat, l'ami arménien de Mina et Avram, me l'avait passé avant notre départ et je voulais l'avoir lu quand je le reverrais. Jeff me parlait sans cesse de la dictature du prolétariat, il voulait que je lise *Chine nouvelle*, un magazine en couleurs avec des reportages romantiques où on voyait des ouvriers chinois coller des dazibaos dans leurs usines. Cela ne m'intéressait pas du tout. Jeff vitupérait contre l'anarchisme et plus il faisait mine de me retirer mon livre, moins j'avais envie de regarder son magazine pro-chinois. Je n'avais comme d'habitude aucun argument politique à lui opposer et son acharnement contre les « anars » me les rendait encore plus sympathiques. Au bout de quelques jours, j'ai fini par être prodigieusement énervée. Je suis retournée au cabanon, sur une dispute, furieuse contre lui, contre moi, mais le cœur en bandoulière.

Là-dessus, nous nous sommes écrit. Nous parlions des événements, échangions nos idées. Fin août, j'ai été troublée que Jeff défende l'entrée des chars russes dans Prague pour écraser l'agitation étudiante. Les étudiants tchèques s'étaient révoltés presque en même temps que nous contre le pouvoir stalinien, mais en Tchécoslovaquie cela s'était soldé par des dizaines de morts. Et ce pouvoir-là était communiste. J'avais encore une fois la confirmation que mon manichéisme de base, « bien » à gauche, « mal » à droite, était largement insuffisant. J'apprenais à cette occasion que, dans les pays de l'Est, il n'y avait ni liberté de la presse ni celle d'avoir une autre opinion politique que celle de la classe dirigeante. Jeff m'avait écrit une longue lettre à laquelle je n'avais pas compris grand-chose, sauf qu'il justifiait l'intervention de l'URSS, comme il avait justifié la « révolution culturelle » chinoise qui avait envoyé en camps de travail des milliers d'intellectuels. Jeff, lui, entreprenait des études de lettres, mais j'avais compris que lui et ses camarades n'en étaient pas à une contradiction près. En gros, il disait que la fin justifiait les moyens. Je lui avais répondu que nos opinions divergentes rendaient décidément incompatible notre relation. Sur le coup j'avais été fière de la tournure de ma lettre, mais au bout de quelques jours je m'étais sentie atrocement malheureuse. Même si je n'étais pas d'accord avec lui, l'énergie et la force de conviction de Jeff me séduisaient pour elles-mêmes. J'étais amoureuse.

L'été s'est étiré dans une sorte de tristesse. Les seuls garçons dans ma vie qui s'étaient intéressés à moi, Jibé puis Jeff, avaient fini par m'ennuyer pour l'un, et je m'étais bêtement fâchée avec l'autre. J'ai traîné ma mélancolie en lisant *Aden Arabie*, de Paul Nizan, un livre que m'avait conseillé Bagrat, et dont la première phrase me plongeait dans une mélancolie inspirée : « J'avais vingt ans. Je ne laisserai personne dire que c'est le plus bel âge de la vie. »

« L'esprit de mai », la solidarité enthousiasmante et l'amour universel avaient bel et bien disparu. Nico était parti en stop à Istanbul avec Artémis-Agnès, sans rien réviser pour le rattrapage de septembre, Mina avait échoué avec lui sur toute la ligne et elle était de mauvaise humeur. Je me sentais vide et désœuvrée.

. 16

La rentrée 68 a été particulière. Elle n'avait pas le goût familier de « la rentrée ». Celui de l'habitude, lorsqu'on reprend son bagage là où on l'a laissé, que l'on emprunte des trajets mille fois parcourus pour regagner des lieux fréquentés depuis toujours. En cette rentrée-là, rien n'était comme avant.

Bien sûr, pour moi et pour toute la génération de lycéens qui franchissaient le cap des études supérieures, tout était nouveau. Mais la nouveauté de cette rentrée n'était pas le seul fait de notre âge. Elle avait une saveur différente. Nous nous trouvions devant un nouvel impératif. Cette société que mai avait bousculée, il fallait maintenant la réinventer. En mai, le monde avait été imaginé. À présent, il fallait le rendre possible. Nous qui avions dix-sept ans n'avions qu'une seule chose à faire : relever nos manches.

Tous les rapports entre les gens étaient à repenser. D'abord les rapports de pouvoir, ceux de maître à élève, de médecin à malade, de chef à employé, mais aussi les rapports amoureux, les rapports entre parents et enfants, entre l'artiste et son public, le rapport à l'argent. Il fallait imaginer de nouvelles formes d'échange, de nouveaux moyens d'expression. Tout ce qui avait été questionné, chahuté, déboulonné en mai, tout était à reconstruire.

Personne ne pouvait revenir en arrière. Ce sentiment était diffus, mais intense. C'était cela, la sensation la plus forte de la rentrée 68, cela qui nous a sauté à la figure : un courant puissant s'était mis en mouvement. Plus rien ne serait jamais comme avant.

Dans les derniers jours d'août, de retour de vacances, nous remontions le Boul'Mich', Nicolas, Jibé et moi, avec nos sacs à dos. Nicolas avait atterri en catastrophe au cabanon une semaine auparavant, après son expédition à Istanbul et une grosse déconvenue. Artémis-Agnès l'avait plaqué dès l'arrivée en Turquie pour le type qui les avait pris en stop à l'aller.

Jibé m'avait écrit pendant l'été pour me dire qu'Yves avait commencé à monter le film du *Grand Meaulnes* et qu'il espérait qu'on se revoie avant la projection. J'avais envie de voir le film et je lui avais envoyé une petite carte, je revenais fin août, je lui demandais quand serait la projection. Il avait répondu par retour du courrier. Pour la projection, il ne savait pas encore mais il aimerait venir me chercher au train. J'avais dit OK. Ensuite j'avais regretté, c'était moche de donner un espoir.

Nous venions de descendre de l'autobus 63. Je ne sais plus lequel, de Nico ou de Jibé, a crié le premier : « Putain, les mecs, regardez ! » Le choc. C'était horrible. Ils avaient asphalté tout le boulevard. Tous les pavés étaient recouverts. On a couru jusqu'à la place de la Sorbonne, puis jusqu'au Luxembourg, rue Soufflot, rue Le Goff... Toutes les rues étaient couvertes de goudron. Plus de pavés inégaux dans toutes les teintes de gris, rien que du noir, brillant comme quand ma mère passe le dos du couteau sur la meringue de la tarte au citron. « Les chiens, les salauds, bande de fachos ! » a dit Nicolas. Il n'y avait plus un seul pavé au Quartier latin. Plus qu'une sinistre moquette de goudron.

Mina avait proposé que Nico revienne à la maison pour le bac de septembre Elle devait se sentir un peu coupable de n'avoir pas réussi à le retenir pendant l'été. La session de rattrapage avait lieu le 5. Cela ne faisait pas trop de temps pour réviser, mais en principe les recalés de juillet étaient censés avoir passé l'été à le faire. Pour Nico qui avait passé le sien d'abord à faire le mariole avec ses copains à Avignon, ensuite à Istanbul avec Artémis-Agnès avant de se faire plaquer, ce n'était pas évident. Là-dessus, cette dernière histoire lui avait mis un blues terrible qui l'avait empêché de travailler pendant les quelques jours au cabanon après son retour de Turquie. Fin août, ça allait mieux, mais il fallait mettre le turbo.

Ceux qui l'avaient eu en juillet avaient organisé des comités de soutien pour surveiller les profs du rattrapage et être sûrs qu'ils n'abuseraient pas de leur pouvoir. Dans chaque classe où se tenait le bac, on était plusieurs et les copains qui passaient se sentaient moins seuls. Je suis allée avec Jeff et deux autres amis pour l'épreuve de maths de Nico. Il prétendait que c'était pour lui la matière la plus dure à cause de ses anciens sentiments pour Anne-Marie qui risquaient d'être ravivés, mais personne ne croyait à cette excuse éhontée. Pour Nicolas, toutes les matières étaient dures parce qu'il n'avait rien fichu.

Pendant leurs vacances les profs avaient dû bien se reposer car ils avaient retrouvé du poil de la bête : lorsque nous sommes entrés dans la salle d'examen, ils ont osé nous demander de ne pas intervenir durant l'épreuve de notre camarade.

Nico a pioché une première question dans la corbeille. En la lisant, il a fait une drôle de tête. Le prof était sympa, il a dit : « Bon, j'ai l'impression que cette question ne vous convient pas, voulez-vous en piocher une autre ? » Je ne sais pas si Nicolas « voulait » vraiment, mais il a déplié un autre petit papier, il l'a lu et a demandé s'il avait droit à une troisième chance. Nous, on se poussait du coude, j'ai pensé qu'il allait se faire jeter, mais le prof a juste dit : « Vous, alors, vous ne manquez pas de culot... Bon, allez-y ! » Mais quand Nicolas a lu la troisième question en commentant : « Oui, mais les équations à deux inconnues, on a juste survolé, cette année... », le prof a dit : « Bon, eh bien c'est l'occasion d'atterrir. »

Je ne sais pas comment, mais en 68, Nicolas a eu son bac. En fait, je ne pense pas qu'il y ait eu aucun recalé, à cette session de septembre. Les profs avaient bien trop peur d'être traités de nazis s'ils ne le donnaient pas.

Après le bac de Nico je suis partie faire ma première expérience prolétarienne. C'est comme ça que Mina m'avait vendu le projet, mais la vérité, c'est que j'avais très envie de revoir Jeff. Nous nous étions quittés fâchés un mois plus tôt et « l'expérience prolétarienne » me paraissait un bon moyen de reprendre contact avec lui. Par ailleurs, la rentrée universitaire avait lieu en octobre et ma mère n'avait aucune envie de me voir traîner entre les AG et les hippies californiens qui transitaient au Quartier latin sur leur route vers Katmandou, tout en cherchant quelques pavés à déloger.

Ce que ma mère ne savait pas, c'était que les hippies et les gauchistes ne s'aimaient pas. Dans l'esprit des adultes, il y avait une certaine confusion sur le sujet. Les gauchistes étaient des jeunes engagés qui réfléchissaient à comment changer la société de l'intérieur. Pour ça il fallait l'infiltrer : patrons, ouvriers, professeurs, étudiants, familles, commerçants, mais aussi amoureux, ennuyeux, syndiqués, conservateurs, il fallait contaminer le monde, en quelque sorte, avec nos idées. Les hippies, eux aussi, voulaient que ça change, mais en restant en dehors. Nous étions très critiques envers eux, voire un peu méprisants.

Je suis donc partie récolter les pommes en Anjou pendant trois semaines dans une entreprise agricole. J'allais faire ma première expérience de boulot à la chaîne pour m'infiltrer dans les rouages de la société qui bouffait de la golden, une pomme farineuse et calibrée, très éloignée des petites pommes acidulées du jardin de ma grand-mère.

On était dans les vergers à 6 heures du matin, il y avait des kilomètres de goldens à cueillir. Il fallait tourner délicatement la pomme en la cueillant pour garder la queue. Sans la queue ça ne valait rien, on se faisait salement remonter les bretelles par le chef d'équipe. À 10 heures, on avait droit à un café et on remettait ça jusqu'à midi. Je déjeunais rapidement à la petite cantine de l'entreprise et, à 13 heures, on se mettait au calibrage. On était devant un tapis roulant, dans un immense hangar, et d'interminables trains de pommes défilaient sans s'arrêter. À mesure qu'elles passaient devant nous, il fallait les jeter dans un panier « petit », « moyen » et « gros ». On faisait ça jusqu'à 17 heures. C'était épuisant.

Après, je rentrais en Solex à la pension un peu minable où logeaient les employés. Elle était située dans un hameau minuscule, une gare de poupée sur une ligne de chemin de fer promise à la disparition portant un drôle de nom, Linières-Bouton. À 19 heures, il y avait la soupe, en face d'un vieux qui bavait sur sa serviette et voulait toujours me parler. Je faisais un rempart avec le pain, la carafe et mon verre d'eau à cause des postillons. Après, il était trop tôt pour se coucher et je n'avais pas vraiment envie de faire la conversation au vieux pendant qu'il sirotait sa tisane. En général, je montais dans ma chambre. Elle était minuscule, avec du papier peint à petites fleurs et un crucifix au-dessus du lit que j'enlevais parce qu'il me mettait mal à l'aise. La patronne le remettait au mur pendant la journée. Le lit avait des ressorts et un grand trou au milieu. Le soir, je me calais dans le trou avec Bakounine avant d'essayer de dormir sur le dos. J'avais hâte que ça se termine, mais je ne le disais à personne. J'écrivais des lettres, aussi. Je racontais ma vie quotidienne, je parlais de mes états d'âme. Je décrivais à quel point c'était intéressant, le travail à la chaîne, et comme je me sentais bien dans les vergers de pommes goldens. En réalité, je me sentais affreusement seule. J'ai envoyé une carte à Jeff. Il m'a répondu quelques jours plus tard pour me dire qu'il aimerait bien qu'on se revoie quand je rentrerais.

Vers le milieu de mon séjour en Anjou, ma mère et Avram étaient venus me voir une fin de semaine. Nous étions allés nous promener dans une magnifique forêt. C'était la première fois que nous nous parlions des événements en étant loin de Paris. Dans une sorte de calme et de distance. Il y avait bien eu l'été au cabanon, mais la tumultueuse affaire d'Avignon avait quelque peu enflammé les esprits. Comme nous marchions sur une allée sablonneuse, j'ai désigné le sable sous nos pas :

– Tu te souviens de l'inscription « Sous les pavés, la plage » ? Eh bien voilà…

Avram a dit :

– Pour moi, c'était une métaphore. En découvrant le sable sous les pavés qu'ils descellaient pour se battre, les étudiants ont aussi découvert que la réalité recelait parfois des idées. Celle-là en particulier : les idéaux se conquièrent. Parfois dans l'affrontement.

J'ai demandé à Avram de quoi il allait parler avec ses étudiants à la rentrée, cela me semblait compliqué de se retrouver en cours alors que le mouvement avait échoué. Il s'est récrié :

– Mais il n'a pas échoué ! Tout commence, au contraire ! Je ne sais pas si tu te souviens d'une autre inscription qui disait : « Nous ne voulons pas d'un monde où la certitude de ne pas mourir de faim s'échange contre celle de mourir d'ennui. » C'est de ça que je voudrais parler avec mes étudiants. Comment rendre le présent vivant ? Parmi les réponses possibles, il y en a une que mai a définitivement posée : interroger le présent, ne jamais considérer qu'il est acquis. Partir du principe que nous avançons dans l'échange et la responsabilisation de chacun, même si parfois c'est difficile...

– Et tu vas faire tes cours différemment ?

Il a réfléchi un instant :

– Forcément... Je n'ai jamais considéré d'ailleurs que mon savoir de prof me donnait une quelconque supériorité sur mes étudiants, mais là...

Je l'ai interrompu :

– Là, tu vas être obligé de leur donner le pouvoir !

– Non, il ne s'agit justement pas de prendre le pouvoir ou de le garder, l'enjeu est beaucoup plus subtil que ça. Il s'agit d'accepter de se remettre en question, d'accepter que les questionnements de celui qui est en face de toi puissent te mettre en situation de faiblesse. C'est la base de tout échange humain non violent. Mais le jeu en vaut la chandelle...

J'ai ri :

– Tu veux dire te mettre les étudiants dans la poche !

– Pas du tout. Je veux dire : nous donner, à eux et à moi, une chance d'aller plus loin.

Ma mère était restée légèrement en retrait, ça lui faisait plaisir de nous voir parler tous les deux. Et puis tout à coup dans une clairière, devant nous, s'est offert à nos yeux un véritable tapis de champignons. Une manne. Nous nous sommes précipités pour les ramasser.

En regagnant la voiture, Avram m'a rappelé la phrase de Nietzsche qui m'avait tant frappée en mai : « Et toi, tu te souviens de "l'étoile dansante" de Nietzsche ? Eh bien nous y sommes. Après le chaos, la danse ! » D'un coup, je me suis souvenue : c'était Avram qui m'avait donné, un soir de mai, le petit livre de Nietzsche que j'avais lu avec passion : *Ainsi parlait Zarathoustra*. En ouvrant la portière, il a ajouté : « Je crois vraiment qu'une nouvelle ère commence. Et vous autres, les jeunes, avez l'immense chance que votre vie commence avec cette ère-là. »

Mina et Avram sont repartis avec les champignons. Après leur départ, ce dimanche soir là, je me suis sentie encore plus seule. Et pourtant, dans le même temps, je ressentais tout au fond de moi une joie étrange. Avram m'avait dit des choses qui résonnaient. Cette conversation donnait un sens à mon séjour en Anjou et même à mon isolement. J'avais l'impression qu'il me prenait au sérieux. J'avais surtout l'impression de faire mon premier pas dans ma vie d'adulte.

C'est pendant ce séjour qu'il s'est passé une chose dont j'ai encore honte rien qu'en y pensant. Grisée par mon sentiment d'indépendance, j'ai voulu écrire à Bagrat, l'Arménien rencontré lors des soirées de mai et juin à l'appartement. J'avais noué une relation de confiance avec lui. Cette sensation toute neuve d'émancipation m'enivrait. Bagrat m'avait parlé du dernier film de Pasolini, *Théorème*, que j'avais très envie de voir parce qu'il avait été interdit par la censure en Italie. J'avais l'impression que Bagrat m'aimait bien et qu'il me trouvait un peu intéressante.

En mai, il y avait eu une inscription sur un mur : « Je jouis dans les pavés ». Tout le monde en parlait, tous la trouvaient géniale. Je ne comprenais pas la signification exacte du verbe « jouir », mais je devinais que c'était quelque chose de spécial, cette phrase-là. Je sentais que, quand on la disait, il y avait comme une complicité, une sorte de secret qui me plaisait. Eh bien, vous le croirez ou non, j'ai envoyé à Bagrat une carte postale représentant les pommiers, sur le verso de laquelle j'avais écrit : « Je jouis dans les pommiers. » Je me trouvais très spirituelle, j'avais l'impression que nous communiquions par une voie subtile, inaccessible au reste du monde. Comme je n'avais ni son adresse ni son nom de famille, mais que son prénom n'était pas commun, je l'ai envoyée à l'adresse de l'université où Bagrat était prof. C'est-à-dire là où travaillait ma mère. La carte a fait le tour de tous les bureaux avant d'atterrir dans le casier des bibliothécaires, puis sur le bureau de Mina.

La honte, je l'ai eue plus tard. Sur le moment, personne ne m'a parlé de ma carte et je ne m'en suis pas inquiétée. Sans doute une minuscule voix intérieure me disait-elle que j'avais mis mon petit pavé à moi dans la mare. Comme Mina est délicate, elle ne m'en a parlé que l'année d'après. La honte est arrivée à ce moment-là. Entre-temps, j'avais appris ce que voulait dire le mot. Bagrat n'a jamais évoqué cet épisode et je ne suis même pas sûre que la carte lui ait été remise. Mais, pendant des années, je n'ai pas pu l'apercevoir sans rougir jusqu'aux oreilles.

. 17

J'avais revu Jeff. Quand je l'avais dit à ma mère, elle avait souri : « Ah, celui de la "plus-value culturelle" ? » Il avait été heureux de me revoir, lui aussi, mais mon expérience prolétarienne n'avait pas eu l'air de susciter en lui l'enthousiasme que j'espérais et j'avais été un peu déçue. Le seul enthousiasme qu'il avait manifesté concernait ses nouveaux profs, notamment ceux de philo et d'histoire, et il s'extasiait en me parlant de livres que je n'avais jamais lus. Je me trouvais un peu bête et, gentiment, Jeff m'a proposé de venir dans sa classe d'hypokhâgne en auditrice libre jusqu'à la rentrée universitaire. En cette rentrée 68, les profs avaient tellement peur d'être traités de « mandarins » qu'ils faisaient classe ouverte, entrée libre et gratuite.

J'ai passé le mois d'octobre à Condorcet, qu'on appelait « Condor »... et où j'ai rencontré Florence. Les premiers jours, nous nous sommes bien entendues, mais elle n'était jamais libre pour prendre des pots, après les cours elle rentrait travailler et je me suis sentie un peu laissée sur le bord de la route puisque je n'avais aucune intention de travailler comme eux. Je n'avais jamais vu ça, travailler à ce point. Quand j'appelais le soir, son père me demandait si Florence pouvait me rappeler plus tard parce qu'elle travaillait. Jeff aussi bossait comme un fou. Parfois, quand je le rejoignais au café où il se trouvait avec un ou deux camarades, il ne m'accordait qu'un baiser rapide et s'excusait en me disant qu'ils devaient terminer tel exposé ou tel plan de travail, qu'il serait « à moi » tout de suite, est-ce que je voulais bien l'attendre. J'attendais, il n'était plus « à moi ». La vérité, c'est qu'il était tout à son hypokhâgne. J'essayais de lui donner rendez-vous un peu loin du lycée, pour être tous les deux. Nous nous embrassions un peu sur la banquette, très vite, il me parlait du DST de philo ou du devoir d'histoire sur lequel il devait plancher. Mais surtout, il ne parlait plus de changer le monde. Et bizarrement, il a commencé à moins m'intéresser. Il n'évoquait plus jamais ses activités militantes, il n'avait clairement plus le temps de militer. Et il me plaisait moins.

J'ai compris que ce qui m'avait séduit pendant l'été, c'était précisément l'énergie qu'il mettait, lorsque nous étions à Arcachon, à vouloir bousculer l'ordre établi, à me déstabiliser moi aussi, même si alors cela m'avait m'exaspérée. Cette énergie, il la mettait maintenant dans son travail scolaire. Et cette activité-là me paraissait un retour à la normale qui m'intéressait beaucoup moins. C'était absurde, bien sûr. Mais sur le coup, je me suis persuadée que Jeff était «rentré dans le rang». Avant ma propre rentrée universitaire, je lui ai dit que je pensais préférable de rompre.

Le dernier jour, il est venu avec moi au café, on a pris des panachés, «bien blancs», il était triste, il m'a fait promettre qu'on continuerait à se voir. Moi je le regardais dans les yeux et j'y croyais un peu. Mais dès le premier jour à la fac, j'ai su qu'une page était tournée.

La fac, c'était une autre ambiance. Un joyeux bazar. Contrairement à Condorcet, on avait l'impression que les gens ne savaient pas vraiment pourquoi ils étaient là. Je ne savais pas si Jeff et les autres savaient vraiment pourquoi ils étaient en hypokhâgne: mais ils y allaient sans se poser de questions, comme on va à l'école. C'était ça, hypokhâgne, on ne se posait pas de questions. À la fac, on s'en posait tellement qu'on se demandait ce qu'on fichait là. Plutôt que d'être en usine ou en entreprise, à militer, à mobiliser en somme toute son énergie pour bousculer le vieux monde. Mai était passé, l'instant de l'irruption, de l'éruption et de la révolte. Et chacun semblait se demander, en son for intérieur : « Et maintenant, qu'est-ce qu'on fait ? »

Une seule chose était sûre : il fallait continuer. Là-dessus, tout le monde était d'accord. Mais continuer quoi ? Comment ? Vers où ? Avec quels moyens ? Pour le coup, personne ne s'accordait. Entre les partisans de la confrontation avec le pouvoir, ceux de la jonction avec le monde ouvrier et les réformistes, le torchon brûlait allègrement. Rien n'allait plus et les différentes factions gauchistes se bouffaient le nez à longueur de réunions et de meetings. De nombreux gauchistes pensaient que le mouvement de mai 68 n'avait été qu'une sorte de répétition générale et que la vraie révolution viendrait quelques années plus tard. Un peu comme la révolution « bourgeoise » de 1905 avait précédé d'une douzaine d'années celle de 1917 dans la Russie tsariste. Mais l'histoire ne se répète pas et la comparaison n'était pas pertinente. Le seul point commun, peut-être, était la multiplication des groupuscules.

En attendant, l'effervescence était toujours là. Les places avaient été bouleversées, les statuts et les statues indéboulonnables avaient été déboulonnés. L'esprit avait été libéré et «quelque chose» était en marche. C'était certain. Un moment essentiel de notre histoire avait eu lieu et ce moment devait se poursuivre dans les esprits, dans les mœurs, dans les manières de vivre, de se parler, de se comprendre, de s'aimer.

Mais comment?

À la fac, même les profs avaient l'air de s'excuser d'être des profs. Dans leur ensemble, presque tous refusaient d'exercer une quelconque discipline. On pouvait arriver quand on voulait, en plein milieu d'un TD, à condition de ne pas déranger, et on n'était pas obligés d'assister aux cours «magistraux», ceux où le prof parle tout seul pendant des heures, tandis que les étudiants prennent la parole sacrée en note comme des fous, tirant la langue sur leurs copies. Et les profs assistants qui osaient nous demander d'être un minimum présents s'efforçaient d'agrémenter leurs TD de moments informels ou distrayants.

La philo m'attirait depuis toujours, mais je m'étais inscrite en géographie. Je voulais à tout prix être une « manuelle ». Surtout pas une intellectuelle . Parmi les chansons révolutionnaires que nous chantions à tout propos, celle de Montéhus, *Ils ont les mains blanches* avait dû se loger quelque part dans ma tête. Le refrain disait : « Ils ont les mains blanches, les mains maquillées, il a les mains blanches, par la honte souillées. » Moi, je voulais tremper les miennes « dans le cambouis », travailler avec du concret. M'inscrire en philo m'aurait semblé une lâcheté et une régression, une pente naturelle que je devais contrarier pour me réaliser.

À Censier, en « Étude des roches et des sous-sols », on avait un maître assistant qui organisait des sorties à la campagne et qui s'appelait Campagne. Il nous emmenait piocher à Fontainebleau pour arriver jusqu'au pliocène inférieur. On piochait beaucoup et on arrivait rarement au pliocène. On revenait en car avec nos pioches qu'il fallait mettre sous le siège pour ne blesser personne. Lors d'une des premières sorties, quelqu'un a demandé s'il pouvait garder sa pioche avec lui pour les prochaines manifs. Là, on a bien vu que pas grand monde ne se préoccupait du pliocène. Le car s'est coupé en deux, entre ceux, majoritaires, qui étaient pour garder leurs pioches, et une poignée de gaullistes survoltés, contre les « gauchistes ». Quand on est arrivés place d'Italie, tout le monde s'écharpait, se traitait de néo-nazis, de fachos, d'enragés et de crypto-communistes. Campagne essayait de parler, debout à côté du chauffeur, mais on ne l'entendait pas. Au moins, j'avais repéré des copains.

Il y avait Alex, qui était un peu comme moi, à avoir choisi géo sans réelle conviction. On allait souvent au café, avec quelques autres qui hésitaient sur l'engagement à approfondir : militantisme ou géographie ? Alex avait une copine en philo à la Sorbonne, Anne-Catherine, qu'il allait chercher le mercredi soir en salle Cavaillès. « Salle Cavaillès », déjà ça posait. Nos salles de Censier portaient seulement des numéros. Le cours de philosophie esthétique s'achevait à 22 heures, et après, les étudiants allaient discuter au café L'Escholier, place de la Sorbonne, avec R., le professeur de philosophie esthétique dont tout le monde parlait. Alex accompagnait parfois sa copine le mercredi soir. Le lendemain, il me racontait. Il s'intéressait à l'art et me donnait des livres à lire, ceux sur lesquels portaient les cours d'esthétique d'Anne-Catherine. J'aimais ce qu'il disait, je mourais d'envie de venir un soir à L'Escholier et d'écouter ce prof parler de Walter Benjamin et de Theodor W. Adorno, des théoriciens pour qui l'art avait un pouvoir subversif. Ce que me racontait Alex de ces soirées m'électrisait. Je me suis vite lassée des séances de piochage à Fontainebleau. Et un mercredi soir, Alex m'a emmenée avec lui.

. 18

À la Sorbonne, en cette fin d'année 68, les étudiants continuaient à faire des AG quasi quotidiennes. La Sorbonne, c'était un peu la Bastille de mai 68. La police en avait chassé les étudiants, ils l'avaient reprise et occupée. Maintenant, ils étaient là et bien là, et c'était là que tout se passait. Du moins était-ce comme cela que je voyais les choses. Surtout à partir du moment où j'ai rencontré Muriel et sa bande.

Muriel suivait les cours de R. en auditrice libre. Plus exactement, elle faisait partie du petit phalanstère d'initiés qui l'entouraient constamment, l'attendaient à la sortie et avaient le privilège d'être assis à côté de lui au café. Les étudiants et surtout les étudiantes buvaient ses paroles. R. faisait partie de ces professeurs de philo charismatiques qui fascinaient les étudiants par une pensée ouverte, souvent provocatrice dans son expression, tant elle fustigeait la pensée unique en proposant d'autres points de vue, d'autres accès, d'autres questionnements sur le monde. Tout ce qui, en mai, s'était manifesté sous forme de révolte et de violence trouvait, grâce à ces penseurs de l'après-68, une expression organisée et une légitimité. R. portait beau, il faisait sans doute plus jeune qu'il n'était et nouait autour de son cou une grande écharpe blanche qu'il n'enlevait jamais. Quand il ne parlait pas d'art et de philosophie politique, il racontait tout un tas d'histoires drôles qui faisaient se bidonner les filles. Il m'a tout de suite captivée.

Muriel était majeure depuis longtemps et préparait une maîtrise de philo dont le sujet était « Révolution, sexualité et surréalisme ». Je ne connaissais pas vraiment les deux premiers et un peu le dernier grâce à un livre de photos que j'avais à la maison. L'amie d'Alex, Anne-Catherine, faisait partie de ce groupe d'initiés qui se retrouvaient également, en dehors du sacro-saint mercredi soir, dans d'autres endroits hautement enviables, pour débattre de toutes les idées qui foisonnaient en cette rentrée spéciale. En particulier du sujet de mémoire de Muriel, qui catalysait toutes les préoccupations de l'époque. Puisque, au fond, dans ce sujet il n'était question que de changement de société et de liberté. On parlait pas mal de sexe et je me sentais parfois mal à l'aise, mais je faisais l'affranchie pour ne rien laisser paraître.

Muriel organisait des fêtes chez elle. Il y avait toutes sortes de gens, des profs, des artistes, des universitaires, tous beaucoup plus âgés que moi, parfois intéressants, souvent très déjantés. Muriel aussi me fascinait. Je n'aspirais qu'à faire partie de sa cour. Elle et ses amis me demandaient ce que je faisais en géo et je n'osais pas leur raconter que j'allais piocher le pliocène à Fontainebleau. Chez Muriel, on débattait des nuits entières. Et le jour se levait souvent sur des amas d'êtres endormis ou trop avinés pour rentrer chez eux. C'était la vraie vie.

En parlant de vie, très vite la mienne a été double : géo le jour quand j'avais le temps, philo le soir pour retrouver les camarades et refaire le monde. Pendant quelques semaines, je n'ai plus fait que ça : aller à L'Escholier écouter R., aller chez Muriel. Juste avant Noël, j'ai décidé de quitter géo pour m'inscrire en philo à la Sorbonne.

Et puis un soir, R. est venu chez Muriel. Il y avait beaucoup de monde, j'étais follement intimidée.

Je me suis assise dans un coin et je les ai écoutés toute la soirée en buvant des gin fizz, prise dans leur conversation, dont une grande partie m'échappait, comme un lapin ébloui par les phares d'une voiture. À un moment, la porte s'est ouverte sur un grand gars que je n'ai pas distingué tout de suite à cause de la fumée. Il est venu s'asseoir par terre à côté de moi. Il me regardait avec un demi-sourire. J'avais l'impression de l'avoir déjà vu, mais je ne me rappelais pas où. Et puis tout à coup, il m'a dit : « Alors, ça y est, on est tombée dans les filets du nouveau gourou ? » J'ai reconnu sa voix avant de reconnaître ses traits. C'était Bertrand, le grand type brun de la khâgne de Condorcet. Celui que nous avions vu, avec Nico, prendre la parole lors de l'AG des CAL en mai.

Je n'ai rien répondu. Il a fumé un moment en silence, s'est relevé pour aller se servir un verre, est revenu s'asseoir près de moi. Après, il s'est penché à mon oreille, il a mis sa main en cornet comme s'il me disait un secret : « Tu n'en as pas marre de les voir tourner autour de leur nombril ? » Je l'ai regardé, il souriait de toutes ses dents. Un sourire craquant. J'ai opiné de la tête. Il s'est levé, m'a tendu la main. « On s'en va ? » Là encore, j'ai dit oui.

Après, Bertrand m'a emmenée loin de Muriel et de sa bande et de tous les gourous de la terre. Pourtant, je ne remercierai jamais assez Muriel et ses soirées déjantées de m'avoir fait retrouver Bertrand.

Il a été mon premier grand amour.

En mai, j'avais eu très peur que ça ne s'arrête. C'était comme quand on se réveille le matin et qu'on ne veut pas quitter un rêve. Ça arrive parfois. Parfois aussi, le soir quand on remet la tête sur l'oreiller, on retrouve son rêve. C'est rare, mais ça arrive.

Après, en juin, j'avais été dans une grande colère. Ensuite il y avait eu Avignon, les pommes, la rentrée, Jeff, le pliocène, les soirées à L'Escholier, les nuits chez Muriel. Je ne savais plus trop où j'en étais.

En décembre, quand j'ai rencontré Bertrand, j'ai su qu'un fil venait de se renouer. Que le rêve pouvait reprendre.

Ce que je n'imaginais pas, c'est qu'il n'allait pas reprendre là où je l'avais laissé. Que pendant tout ce temps, depuis les événements de mai, juin et après, quelque chose d'autre avait fait son chemin, autre que la peur et la colère.

Ce premier soir, au café Lipp. Bertrand. Nos mains nouées, la lumière de ses yeux. Je parle de la joie de mai. De ma colère de juin. Contre le « système », contre la répression, contre les flics. Contre la mort de Gilles. Doucement, il relève mon menton, accroche mon regard comme il sait si bien le faire. Il dit : « La colère, ça fait les émeutes, seul l'espoir fait les vrais changements. »

C'est Bertrand qui me l'a fait sentir : mai 68 ne s'était pas arrêté en mai. Ni en juin. Quelque chose avait continué à faire son chemin. En chacun de nous.

Chez moi, une petite taupe souterraine et obstinée avait continué à creuser en chantant sa petite chanson. Et quand elle a ressorti son museau à l'air libre, elle a regardé autour d'elle. C'était en décembre. Elle n'a rien reconnu. Elle a d'abord cru que c'était à cause de la neige. Elle a mis un moment avant de comprendre que, non, le monde n'avait pas changé d'un coup.

Nous avions changé. Tous.

Moi, j'avais changé.

J'aimais pour la première fois.

Bientôt, j'aurais dix-huit ans.

Scripto

Découvrez d'autres romans de Paule du Bouchet.

©Annie Assouline

À LA VIE
À LA MORT
de Paule
du Bouchet

À travers sept nouvelles sur des guerres de notre histoire proche, un fil : la vie qui continue, l'amour plus fort que la guerre, la mémoire qui ne s'éteint jamais.

LA CROIX : « Inspirées de la Première et de la Seconde Guerre mondiale, ces nouvelles sont tout en retenue, en subtilités. Un grand plaisir de lecture. »

LIRE : « D'une économie exemplaire, l'écriture de Paule du Bouchet va droit au plus juste, au plus profond des cœurs. »

CHANTE, LUNA

de Paule du Bouchet

Varsovie, 1939. Luna, jeune Juive d'origine polonaise, n'a qu'une passion : la musique et le chant. Sa voix est merveilleuse. Elle a quatorze ans lorsque les troupes allemandes entrent en Pologne. Très vite, la population juive est enfermée dans le ghetto. Commencent alors la persécution, la misère, la peur, la mort. Luna participe à la résistance.

JE BOUQUINE : « Une histoire bouleversante, à l'écriture vibrante et poétique. »

LE MONDE DE L'ÉDUCATION : « On pourrait croire le sujet éculé et pourtant l'histoire sonne juste et transforme cet enfer en un chemin d'espoir. (...) C'est l'histoire d'une adolescente qui ne s'en sort que parce qu'autour d'elle on a cru en elle et en sa force. (...) Une jolie leçon de vie ! »

JE VOUS ÉCRIRAI

de Paule du Bouchet

Depuis toujours, Malia se sent comme une étrangère dans sa propre famille. Couvée par l'amour excessif d'une mère qui sait à peine lire et écrire, la jeune fille étouffe. Alors quand son amie Gisèle lui propose d'emménager avec elle à Paris, ce jour de septembre 1955, Malia accepte. Mais promet d'écrire à sa mère, tous les jours. Alors que la jeune femme se construit, entre la Sorbonne, le théâtre, sa rencontre avec un metteur en scène... ses parents peu à peu s'effondrent, laissant échapper de lourds secrets...

« Bouleversant ! *Je vous écrirai* est un texte puissant et lumineux qu'on ne peut lâcher, tant on se sent happé par ce destin. » LIRE

PAO : Françoise Pham
Imprimé en Italie par L.E.G.O. Spa - Lavis (TN)
Dépôt légal : avril 2018
N° d'édition : 330556
ISBN : 978-2-07-510169-1